KB268924

바로
거기쯤이야,
너를
기다리는 곳

테오의 여.행.테.라.피.

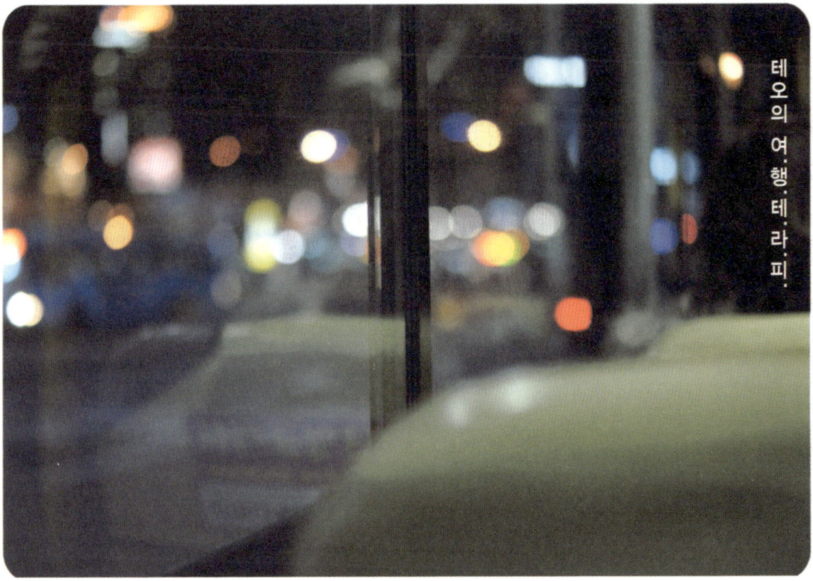

바로
거기쯤이야,
너를
기다리는 곳

Travel therapy

글+사진 테오

Travel therapy

이 책이 향하는 곳에 당신이 닿는다면 좋겠습니다.
당신의 그리움에 닿을 수 있다면 좋겠습니다.
그리하여 우리 모두 조금 더 행복해질 수 있다면 좋겠습니다.

소중한 그대에게 소중한 이야기를 보냅니다.
당신의 먼 곳을 담은 즐거운 여행을 보냅니다.
오늘도 행복하세요.
이 책의 주인이 되신, 그대.

나를 위로하다

나를 채우다

 프롤로그

이를 테면 . . .

1.

몸과 마음이 지칠 때 사람들이 생각하는 것은 떠남입니다. 떠남으로 지친 일상을 치유하고 싶어 합니다. 그러나 떠나는 방식으로는 진정한 떠남을 이룰 수 없습니다. 떠남이란 결국 돌아오기 위한 행위. 아무리 애를 써 봐도 일상은 우리를 쉽게 놓아주지 않기 때문입니다.

떠나고 돌아오는 일을 몇 번이나 반복하다 보면 문득 돌아오지 않는 떠남을 생각하는 순간이 옵니다. 그 유혹을 이기지 못하는 사람들이 갈수록 많아지고 있습니다. 그들이 삶을 포기하는 이유는 슬프기 때문이 아니라 쓸쓸하기 때문입니다. 누군가를 원망해서가 아니라 미워할 사람조차 생각나지 않기 때문입니다.

하루 더 살아야 하는 이유를 찾지 못하는 사람들.
삶 속에 부유해 버린 자기 모습을 바라보며 이걸로 충분하다고 생각하는 사람들.

지치면 쓸쓸해집니다. 쓸쓸함은 사람을 병들게 합니다. 마음의 병은 몸의 병보다 더 깊고 잔인합니다. 그리고 결국 몸까지 아프게 만듭니다. 떠나고 다시 돌아오고, 그래서 지치고 결국 쓸쓸해지고. 온전한 향함에 관해 깨닫지 못하는 여행자는 이 아픈 궤적을 반복해 걸을 수밖에 없습니다.

이것은 참 아픈 대화. 하지만 꼭 한 번 나눠야 하는 이야기입니다.

2.

여행은 향함입니다.

여기의 것을 챙겨 거기로 가는 것이 아니라, 가벼운 몸으로 떠나 거기의 것으로 충만해지는 것. 그곳으로 혹은 그대에게로 향해 다른 방식의 호흡으로 일상을 조성하는 행위.

이 글이 당신을 향하여 깊은 쓸쓸함의 근원을 고백하는 것처럼,

향하는 방식의 여행에는 내려놓음과 성찰과 위로의 힘이 있습니다.

　그 위로에 치유의 호흡이 담겨 당신의 삶이 충만해진다면 좋겠습니다. 그리하여, 조금 더 행복해진다면 좋겠습니다.

3.

　독자와 작가로서가 아니라 마주 선 두 사람이 서로를 알아보는 느낌으로 우리의 대화가 시작되기를 바랍니다. 이번 이야기로 그대의 일상이 '조금' 치유되기를 희망합니다.

　오늘도 나는 당신의 에세이스트입니다.

　언제나 그렇듯 그대가 허락해 주신다면······.

　그대만 허락해 주신다면 말입니다.

BEIJING
13 933 KM
RIO DE JANEIRO
6 055 KM
SYDNEY
JERUSALEM
7 468 KM
NEW DELHI
9 296 KM
NEW YORK
12 541 KM

나를
만나다

보카·홍대역 거리·티티카카·
삼청동·치앙마이·강촌

ARGENTINA
La Boca
CAMINITO
Leyva

보카, 일주일간의 탱고 여행

반복되는 일상이 지겨울 때
▷ ▷ ▶ 아르헨티나의 탱고 마을 '보카'를 방문해
일주일 동안 탱고 배우기

반복은 일상을 지치게 만듭니다. 안정되었다는 것. 평화롭다는 것. 그것은 어떤 면에서 볼 때 새로운 방식의 불행입니다. 그 안정의 인질이 되어 당신의 드라마가 희생되고 있기 때문입니다. 평화를 유지하는 대가로 모험을 포기하는 인생. '나는 행복한가?', '이대로도 괜찮을까?' 같은 질문이 가슴을 두드리지만 달리 방법이 떠오르지 않습니다.

지루한 일상의 끝에 조금쯤 재미있는 일이 일어나기를 희망한다면 용기가 필요합니다. 변화는 저절로 오지 않습니다. 애써서 조성해야 합니다. 일상이 권태로운 사람에게는 특별한 처방전이 필요합니다. 아르헨티나의 리듬 가득한 도시, 보카입니다.

부에노스아이레스는 잠시 지나가던 도시였습니다. 내가 이 도시에 원하는 것은 그저 볼리비아 비자뿐이었습니다. 나는 도착하자마자 떠날 준비를 했습니다. 배낭을 풀지 않는 나를 보며 게스트하우스 텔모탕고의 알레한드로가 이야기합니다.
"그러지 말고 며칠 더 머무는 게 어때? 탱고를 배우는 거야. 보카 거리를 방문하라고."

보카, 탱고를 잉태한 거리

아르헨티나의 분주한 도시 부에노스아이레스에는 보카가 있습니다. 탱고의 음악과 탱고의 춤과 탱고의 영혼이 태어난 마을. 보카는 탱고 세계의 바티칸입니다. 성지입니다. 아르헨티나 사람들은 이곳을 '보카 공화국'이라 부를 만큼 자랑스럽게 생각합니다.
나는 알레한드로의 조언에 따라 버스를 타고 마을에 들어섰습니다. 보카는 입구부터 탱고로 가득한 마을입니다. 골목 어디에나 탱

고 공연 포스터가 붙어 있고, 벽에는 탱고 그림이 그려져 있습니다. 옷도 인형도 탱고입니다. 길을 지나는 사람들의 걸음걸이까지 탱고로 보일 지경입니다.

열린 문들 사이로 탱고 음악이 흘러나옵니다. 남미식 아코디언으로 탱고를 연주하는 사람 앞에는 콧노래로 탱고를 흥얼거리는 사람들이 모여 있습니다.

나도 모르게 걸음을 멈춥니다. 어깨를 흔듭니다. 속삭이듯 탱고를 연주합니다. 옆 사람의 콧노래를 따라, 아코디언의 멜로디를 따라, 보카가 보여 주는 붉은빛 탱고의 숨소리를 따라 탱고를 노래합니다. 그리고 행복해집니다.

소년, 그림을 그려 주는 보카

●

음악에 취해 있을 때 누가 어깨를 두드립니다. 그리고 에스파뇰 비음이 가득 섞인 영어로 말을 겁니다.

"초상화를 그려 줄까? 처음 보카를 방문한 사람들은 누구나 초상화를 그리거든. 내가 보기에 당신은 처음 보카를 방문한 사람이 틀림없어. 그러니까 초상화를 그려야 해. 동전 한 개만 받을 테니 내 앞에 어서 앉아. 탱고 냄새가 나는 초상화를 그려 줄게."

열두어 살쯤 되어 보이는 소년입니다. 수다스러운 소년의 호객에 거절할 명분을 찾지 못하고 의자에 앉습니다. 소년은 그림을 그리기 시작했습니다. 당황스러운 솜씨입니다. 누구를 그린대도 똑같은 그림이 나올 것만 같습니다. 깜짝 놀랄 만큼 간결한 화풍입니다. 그에게 묻습니다.

"지금 나를 그리고 있는 게 맞니?"

소년이 대답합니다.

"그림 볼 줄 몰라? 코가 너랑 똑같잖아!"

그럴 리 없습니다. 특히 무성의해 보이는 부분이 바로 코였으니까요. 참지 못하고 따져 묻습니다.

"코를 알파벳 O자처럼 그렸잖아. 내 코가 그렇게 생겼니?"

소년이 한심하다는 표정을 지으며 대답합니다.

"당신은 동양인이잖아. 동양인 코는 당연히 O자로 그리는 거야. 미국 사람들은 L자로, 유럽 사람들은 거꾸로 된 U자로 그리는 거고. 당신은 모델이니까 화가인 내 말을 들어야 해. 동양인 코는 O자야. 오케이?"

그림 값은 이미 지불했고 나는 화가가 아니라 모델이며, 쉴 새 없이 쏟아지는 에스파뇰 수다를 더 이상은 알아들을 수 없었으므로 그만 입을 다물고 말았습니다.

그림을 받아 들었습니다. 사실 그림은 꽤 괜찮아 보였습니다. 탱고 냄새 같은 건 맡을 수 없고 나를 닮은 흔적도 찾을 수 없는 초상화지만 상관없다는 생각이 들었습니다. 화가도, 도화지도, 연필도, 모델이 되어 앉았던 의자도 모두 탱고였으므로, 탱고의 거리 보카

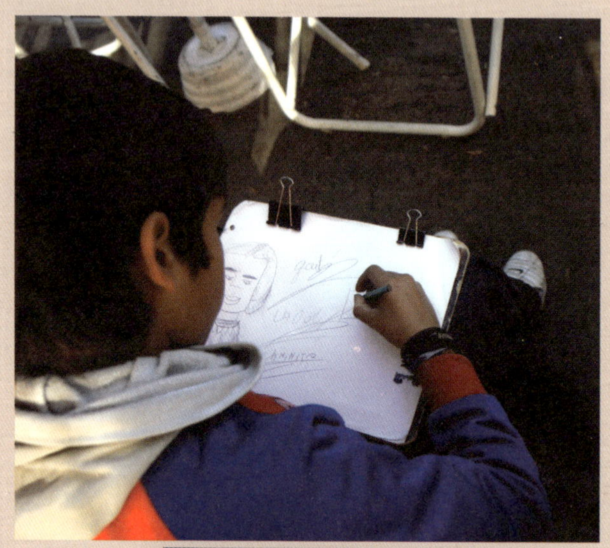

의 것이었으므로 상관없다고 생각했습니다.

물론 코가 O자로 그려진 부분만큼은 영 억울하다고 생각되지만 말입니다.

나도 탱고를 몰라요

바람이 불고 탱고가 흔들립니다. 탱고가 그려진 티셔츠, 탱고를 노래하는 아저씨, 탱고를 추는 댄서들, 탱고를 그리는 소년의 머리카락이 바람에 흔들립니다. 어깨를 흔들며 거리를 걷습니다. 탱고 사이를 걷습니다. 탱고 가득한 마을 보카의 골목을 걷습니다.

거리마다 춤을 추는 사람들이 있습니다. 한 거리에 두 팀, 세 팀 탱고를 추는 사람들이 있습니다.

열린 문 사이로 멜로디가 흐르고 그 위에 탱고를 추는 사람들이 오릅니다. 아름답고 우아한 탱고, 재미있고 유쾌한 탱고, 수없이 많은 탱고들이 거리를 채웁니다. 웃으며 지켜보던 내게 탱고를 추던 댄서가 다가와 말합니다.

"추시겠어요? 쉬운 탱고가 나오네요."

놀란 얼굴로 대답합니다.

"노그라시아스. 나는 탱고를 몰라요."

댄서가 손을 이끌며 속삭입니다.

보카

B
BARBERIA
TANGO SHOW
FUNDADA EN 1927
CAFE
EXPRESSO
ITALIANO
SFOGLIATELLA
NAPOLITANA
CHOCOLATE
CALIENTE
AMBIENTE CLIMATIZADO
CLIMATISED ROOM

ITALIA
SIDRA
de
BARRIL
CRBJ

"걱정 말아요. 나도 탱고를 몰라요."

진정으로 탱고를 모르는 여행자의 손에 탱고를 모르는 척하는 댄서의 손이 얹힙니다. 그리고 시작됩니다. 보카 거리의 수많은 탱고 중에서 가장 유난한 댄스. 춤이라고는 춰본 적이 없는 동양인 여행자의 첫 번째 탱고가.

부끄럽고 정신없는 몇 분간의 공연이 끝납니다. 얼굴이 빨개진 여행자의 뺨에 댄서의 입술이 닿습니다. 그리고 속삭입니다.

"멋있어요, 아미고. 이제 모자에 돈을 넣으세요".

시키는 대로 돈을 넣습니다. 익숙하게 남미식 뺨 인사를 나눕니다. 댄서의 윙크에 미소로 답합니다. 구경하던 사람들이 박수를 쳐 줍니다. 가슴속으로 탱고가 흐르는 기분입니다. 보카 거리에서 가장 화려하게 탱고를 춘 댄서가 되어 거리를 나섭니다.

약속, 탱고와 함께하는 일주일

보카를 떠나며 생각합니다.

'차오 보카. 굿바이 아르헨티나. 다음에 너를 찾을 때는 탱고를 배우겠어. 수많은 나라에서 수많은 사람들이 탱고를 위해 찾아오는 이곳에 꼭 다시 돌아오겠어. 탱고를 배우러 온 프랑스 여자, 탱고를 배우러 온 잉글랜드 남자, 탱고를 배우러 온 중국 여자, 탱고를 배우러 온 이집트 남자와 함께 탱고를 추는 친구가 되어 일주일 내내 탱고를 추겠어. 일주일 내내 탱고가 되겠어.'

늙은 미국 아저씨가 길거리에서 탱고를 추며 해준 말이 생각납니다.
"뭘 해도 재미없을 때는 보카에 와서 탱고를 배워. 그러고 나면 모든 일이 재미있어질 테니까."

펍에서 만난 이스라엘 아가씨도 비슷한 말을 했습니다.
보카는 인생을 싱싱하게 만들어 준다고.
그러니 와서 탱고를 배우라고.

삶이 심각하게 지루해지면 지도를 펴고 아르헨티나의 작은 마을 보카를 찾으세요.
그리고 거기에 다음 휴가 날짜를 적어 넣으세요.
일상이 춤이 되어 날아오르는 도시.
보카의 일주일이 당신의 일상을 싱싱하게 바꿔 놓을 겁니다.

홍대역 거리, 당신의 비밀을 산책합니다

비밀 이야기를 나누고 싶을 때
▷ ▷ ▶ 홍대의 작은 카페를 골라
이야기를 시작하기

비밀이 있다는 것은 고백할 어떤 것이 있음을 의미합니다. 실은 그렇습니다. 모든 비밀은 고백을 위해 존재합니다. 고백하지 못할 비밀은 비밀이 아닙니다. 그것은 상처 혹은 상처를 내기 위해 존재하는 위험한 장치입니다.

비밀의 가치는 비밀을 나눌 수 있는 소중한 사람의 존재를 확인하는 것에 있습니다. 내게도 그런 존재가 있음을 비밀 덕분에 알게 되는 것입니다.

비밀의 카페

홍익대학교 서울캠퍼스가 있는 동네를 보통 '홍대 앞'이라고 부릅니다. 서울지하철 2호선 홍대입구역에서 내려 학교 쪽으로 올라가면 클럽과 술집들이 지배하는 유쾌한 지역이 나옵니다. 그곳은 고백이 아니라 새로운 비밀을 만들기에 적합한 장소. 우리가 찾아갈 곳은 그쪽이 아닙니다.

8번 출구로 나와 오른쪽 길로 들어서면 그 끝에 닿는 골목들이 있습니다. 산울림 소극장 아래쪽으로 이어지는 골목들입니다. 여러 겹으로 난 골목마다 작은 카페들이 모여 있습니다. 융 드립 커피가 맛있는 카페, 오믈렛이 맛있는 카페, 테이블이 겨우 세 개뿐인 카페, 큰 개가 주인인 카페. 일본에서 온 두 친구가 가정식 요리를 만들어 내는 카페도 있고, 츄러스만으로도 식사가 가능한 카페, 공정거래 유기농 카카오로 초콜릿 음료를 만들어 주는 카페도 있습니다.

친구와 함께 골목을 걷다가 마음이 흔들리는 곳이 나오면 바로 거기가 비밀의 장소, 당신의 카페입니다. 이 골목의 카페들은 가정집 지하주차장이나 마당, 건물과 건물 사이의 좁은 벽을 이용해서 만든 경우가 많습니다. 상가건물에 들어선 카페와 달리 건물마다 아직 이야기가 남아 있는 이유입니다. 오래된 건물의 흔적을 지우지 않고 그 시간들을 끌어와 카페를 만든 것입니다.

거울

비밀을 들어 줄 사람이 꼭 다른 사람이어야 하는 건 아닙니다. 당신의 비밀에 관해 가장 먼저 고백해야 할 사람은 사실 당신 자신입니다. 스스로에게 고백하는 것입니다. 나의 비밀에 관해. 아주 정직한 목소리로.

자기 자신과 친구가 되지 못한 사람은 다른 사람과도 친구가 되기 어렵습니다. 자신에게 고백하지 못할 비밀을 다른 이에게 고백하는 것도 이상합니다.

고백

고백은 비밀의 정체와 정면으로 마주보는 행위입니다. 그래서 용기가 필요합니다. 고백한 비밀의 책임 역시 본인이 져야 합니다. 꺼낸 비밀은 더 이상 비밀이 아닙니다. 그걸 들어 준 사람에게 비밀의 무게를 넘길 수 없습니다. 내 안의 이야기가 나를 해치기 시작한다면 고백할 때가 되었다는 증거.

두려움을 이기고 고백의 대상을 찾아야 할 때가 되었습니다. 작은 카페의 좁은 테이블에 앉아 손가락 끝으로 테이블을 톡톡 두드리며 비밀 이야기를 꺼내기 시작합니다.

이건 비밀인데 말이야, 네가 들어 줬으면 좋겠어.

비밀을 나눈다는 것은 그대가 내 비밀을 나눠가질 만큼 소중한
사람이라는 뜻입니다. 비밀보다 아주 비밀스러운 의미.
조금 고민합니다.
내가 고백한 비밀들이 당신의 일상을 어지럽히면 어떡하나.
비밀의 무게 까닭에 당신의 삶이 조금 번거로워지면 어떡하나.
그래도 망설이지 않고 비밀을 내려놓습니다.
당신과 마주한 테이블 위에서 부끄럽게 리본을 풀어 놓습니다.

삶은 어째서 늘 이럴까.
애써서 살아가는데도 늘 이렇게 부끄러울까.

내 비밀을 받아든 그녀가 조용히 이야기합니다.

힘들었겠다.
응?
힘들었을 것 같다고.
내가?
그래, 당신. 틀림없이 힘들었을 거야. 아무도 잘못하지 않았는데
모두 다 상처를 입었어. 세상은 참, 마음같지 않지?

세상은 참 마음같지 않다고, 그녀가 이야기합니다.
그녀의 위로가 노래처럼 조용한 카페를 채웁니다.

 홍대역 거리

달지만 무례하지 않은 정확한 농도의 쇼콜라떼.

여기는 비밀을 고백하는 장소.
당신과 내가 방문할 일요일 오후의 카페입니다.

티티카카, 하늘 가장자리에 닿은 호수

삶의 중요한 선택을 앞두고 결정하지 못할 때
▷ ▷ ▶ 볼리비아의 티티카카 호수 마을에
머물다 오기

인생은 선택입니다. 수없이 많은 선택과 마주칩니다. 영화나 음식처럼 소소한 것에서부터 사람이나 직업 같은 무거운 것들까지 우리는 선택해야 하고 거기에 책임져야 합니다. 선택에 따라 삶의 궤도가 달라지는 까닭에 우리는 긴장할 수밖에 없습니다. 선택이 잘못되기라도 하면 오래오래 그 선택을 놓고 괴로워합니다.

후회 없는 선택. 세상에 그보다 명쾌하고 어려운 일이 있을까요?

잘하는 것과 좋아하는 것. 몸에 좋은 음식과 입이 즐거운 음식. 나를 사랑하는 사람과 내가 사랑하는 사람. 그 사이 어느 지점을 끝없이 오가는 것이 우리들의 인생입니다. 너무 무거워 감당할 수 없는 선택의 순간과 만났다면 당신은 이 도시를 향해 가방을 꾸려야 합니다.

하늘 가장자리와 이어진 곳, 볼리비아의 코파카바나입니다.

하늘 가장자리의 도시

코파카바나는 티티카카 호수를 품은 도시입니다. 코파카바나가 티티카카이고, 티티카카가 그대로 코파카바나입니다. 해발고도 3,810미터. 최대 수심 281미터. 이만큼 높고 깊으면서도 면적이 8,135제곱킬로미터나 되는 남아메리카 대륙 최대의 담수호입니다. 호수의 이쪽저쪽 가장자리가 하늘과 닿아 있는 것처럼 보여 '하늘 호수'라는 별명을 갖고 있습니다.

호수 주변을 산책하다 고개를 들면, 내가 선 곳이 호수인지 아니면 구름 위 어느 즈음인지 혼란스러워집니다. 고산이 주는 몽환 때문일 수도 있지만, 호수가 하늘을 닮아 서로 섞이면서 보여 주는 신비한 풍경이 더 큰 이유일 수 있습니다.

티티카카는 볼리비아의 호수입니다. 그런데 호수의 절반은 페루와 닿아 있습니다. 페루를 통해서도 티티카카에 닿을 수 있습니다. 페루의 푸노에서는 갈대로 만든 배를 타고 갈대로 만든 섬에 오르는 일도 가능합니다.

코파카바나의 티티카카. 푸노의 티티카카. 어디를 통해 만나는 것이 좋을까요? 이 아름다운 티티카카를 말입니다.

엘라도, 기다림의 아이스크림

●

도시를 걷다 아이스크림 아주머니를 만납니다. 얼음 위에 양철 통을 올리고 그걸 돌려서 만드는 아이스크림입니다. 엘라도. 볼리비아의 전통 아이스크림. 정말 대단한 맛입니다. 결이 곱고 부드러우며 신선한 달콤함이 입 안을 가득 채웁니다. 그 대신 이걸 먹으려면 통이 도는 걸 한참 지켜봐야 합니다. 엘라도는 양철통 안쪽

면으로 우유와 과즙이 살얼음이 되어 붙을 때까지 기다렸다가 나무주걱으로 그걸 긁어 모아서 만드는 아이스크림이기 때문입니다.

인기가 많아서 보통 대여섯 명은 줄을 서 있습니다. 더운 날에는 그 뒤로 10여 명이 더 늘어설 때도 있습니다. 몇 걸음 옆에는 의자가 있는 카페에서 아이스크림을 팔고 있습니다. 기다릴 것 없이 바로 들어가 주문만 하면 먹을 수 있습니다. 물론 공장에서 만들어 보내졌으며 비닐로 포장되어 있는 아이스크림입니다.

아주머니가 얼음통을 손으로 돌려서 만드는 아이스크림. 편안한 카페에서 파는 브랜드 아이스크림. 무엇을 먹는 것이 좋을까요?

이 평화로운 티티카카에서 말입니다.

호수의 해군

볼리비아는 내륙 국가입니다. 당연히 바다가 없습니다. 그러나 원래부터 없었던 것은 아닙니다. 1879년 벌어진 칠레와의 전쟁에서 패한 까닭에 120제곱킬로미터에 달하는 영토와 400킬로미터 길이의 태평양 연안을 잃었습니다. 볼리비아 사람들은 슬펐습니다. 바다가 사라진 것입니다.

그러나 그들은 해군을 없애지 않았습니다. 눈앞의 바다는 잃었지만 마음의 바다는 지켜야 한다고 생각했습니다. 한때 볼리비아에 바다가 있었다는 사실을 후손들이 잊어서는 안 된다고 생각했

ORATIO
RESPICE QVAESV
HANC QVAE PROTEGIT
MILITIAM TVAM OBA
DVM NOSTER IS NE
SONET ET RVIT NB
LEADN OCENTIV
ET CORTISSIMIE E
TORMENTO QVI
VITE IRECRNATIN OE
VIAC DE CVR SVN

습니다. 그래서 티티카카 호수에 해군기지를 세웠습니다. 170척의 배를 준비해 호수 위에서 바다를 지키게 했습니다.

볼리비아는 세계 최고의 '호수 해군력'을 자랑합니다. 호수에 해군을 놓았다고 바다를 되찾을 수 있는 건 아닙니다. 아무리 많은 군함을 띄운대도 호수에서 바다를 지킬 수는 없습니다. 당신이 볼리비아 국민이라면 많은 비용을 들여 지금처럼 계속 호수의 해군을 유지해야 할까요, 아니면 그만 없애야 할까요?

하늘 가장자리의 비밀

●

티티카카 호수의 가장자리에 언덕이 있습니다. 조금만 더 걸으면 하늘 위로 오를 것만 같은 뾰족한 언덕입니다. 고작 300미터쯤 오르는 길이지만, 애초에 시작한 곳의 높이가 해발 3,800미터인 것입니다. 1미터를 더 오르는 것도 쉬운 일이 아닙니다.

언덕에 올라 드디어 해발 4,000미터를 넘어서면 몽롱한 고산의 느낌이 어깨를 두르고 속삭입니다.

어때? 멋지지? 여기가 바로 티티카카야. 하늘 가장자리와 닿아 있는 호수.

어느 편에서 티티카카를 보든, 어떤 아이스크림을 먹든, 호수의 해군에 관해 어떤 생각을 하든, 언덕 위에 올라 내려다보면 세상은 그저 세상일 뿐입니다. 낮은 세계의 선택들은 이 도시에 도착하는 순간 자기 무게를 벗습니다. 높은 곳에서 내려다보니 먼 곳에 두고 온 일상까지 조망해 주는 것 같습니다.

티티카카에서 열흘쯤 머무는 동안, 언덕 중턱에 작은 호텔을 세운 독일인 여행자와 친구가 되었습니다. 유럽식 치즈 퐁듀를 먹으며 수다를 떨다가 그에게 물었습니다.

"왜 독일로 돌아가지 않았죠?"

뜨거운 쇠고기를 입에 넣고 후후거리던 그가 대답합니다.

"많이 고민했어요. 독일로 돌아가야 하는지. 호텔을 세우고 이곳에 머물러야 하는지. 일단 호텔을 지은 후 결정하기로 했어요. 그때 봐서 팔고 떠나도 되는 거니까. 그리고 호텔이 완성되었지요. 그런데 호텔을 만드는 동안 깨달았어요. 어떤 선택을 하느냐보다 더 중요한 것이 있다는 것을. 사실 선택은 그렇게 중요하지 않았어요. 선택에 대해 어떻게 책임지느냐에 비하면 말이죠. 호텔을 세우고 사람들을 초대했어요. 즐거운 곳이 되기 위해 열심히 노력했어요. 그리고 나는 지금 고민하지 않아요. 이 호텔을 팔고 독일로 돌아갈 수도 있지만 그 고민도 그리 중요한 것은 아니에요. 호텔을 세울 결정을 하고 힘껏 노력하는 동안 내가 얼마나 행복했는지 깨달았거든요. 선택이 옳아서가 아니라 선택을 즐겼기 때문이었어요. 호텔을 만들지 않고 독일로 돌아갔다면 아마 지금쯤 교수가 되었겠

지요. 나도 얼마나 더 이 호텔을 운영할지는 잘 몰라요. 그렇지만
어떤 선택을 하든 아마 난 행복할 겁니다. 그걸 깨달았어요. 여기
이 티티카카의 언덕에서.”

 티티카카

삼청동, 잃어버린 물건들의 골목

소중한 물건을 잃어버렸을 때
▷ ▷ ▶ 삼청동 한옥마을을 걸으며
잃은 물건 찾아보기

우리는 자주 물건을 잃어버립니다. 흘리기도 하고 놓고 돌아서기도 합니다. 다른 사람에게 빼앗길 때도 있습니다. 잃는 방식만큼이나 잃는 물건도 다양합니다. 어떤 물건은 더 나은 새것으로 바꾸면 그만이지만, 때로 그럴 수 없는 물건을 잃는 경우도 있습니다.

오래 사용해 정든 물건. 그런 소중한 물건을 잃는다는 것은 작은 역사 하나를 잃는 것과 같습니다. 그 물건과의 이야기를 잃게 되는 것입니다. 뭐라 말할 수 없는 종류의 슬픔. 소중한 사람에게 받은 선물을 잃는 경우가 그렇습니다. 물건이 아니라 마음을 상실한 것

같아 좀처럼 마음이 진정되지 않습니다. 더구나 그 사람을 다시 만날 수 없는 경우라면 더욱 견딜 수 없어집니다.

유실물이 유배되는 골목

온갖 사라진 것들이 모이는 장소가 있습니다. 삼청동 한옥마을.

거기 오르는 좁은 골목들이 바로 사라진 유실물의 공간입니다.

소중한 것을 잃었다면 지금 당장 그 낡은 골목길로 향하세요. 당신이 잃은 물건이 시간의 이름표를 달고 그 골목 어느 계단에 앉아 당신을 기다리고 있을 테니까요. 물론 여기에 모이는 물건들이 애초의 형태를 지니는 것은 아닙니다. 모이는 것은 그 안에 담긴 기억. 물리적 강박을 벗어나 자유로워진 그 안의 이야기들이 모이는 것입니다.

모든 상실이 아픈 것은 아닙니다. 이야기를 가진 상실, 기억의 어느 즈음을 품은 상실, 그이의 체온을 담은 상실 같은 것들이 우리를 아프게 만듭니다.

잃은 물건을 되찾는 유일한 방법이 있습니다.
그와의 기억을 회복하는 것.
지나간 이야기를 듣고 친밀한 흔적들을 거두는 것.
그리고 다시는 빼앗기지 않도록 마음 속 깊은 곳에 묻는 것.

소중한 것을 잃은 사람이 되어 골목을 헤매던 때가 있었습니다. 세상은 절망이 되어 하루도 견딜 수 없던 시절. 잃은 그것을 찾기 전에는 잠들 수도 없고 먹을 수도 없었습니다. 어디서 잃었는지 기억나지 않았습니다. 어떻게 잃었는지도 생각나지 않았습니다.
참 지독한 상실.

 삼청동

삼청동 골목을 걷습니다.

소중한 것을 잃은 사람이 되어 슬픈 오후를 걷습니다.

치앙마이, 수컷 풍뎅이들의 결투

갖고 싶은 사랑이 있을 때
▷ ▷ ▶ 태국의 치앙마이를 찾아가
풍뎅이들의 결투 보기

사랑만큼 허다한 이별을 제공하는 관계가 또 있을까요? 일생을 살면서 헤어진 친구는 별로 없지만 헤어진 연인의 수는 그에 비할 수 없이 많습니다. 친구와는 한동안 만나지 못한다 해도 여전히 친구지만, 연인 관계는 또 그와 다릅니다. 어쩌면 연인간의 사랑이란 생각보다 가벼운 것인지도 모릅니다.

그러나 참 신비하게도 사랑의 시작은 언제나 손댈 수 없이 뜨겁지요. 그 끝이 대부분 이별로 끝나든 말든, 결혼 이후에 다른 종류의 사랑으로 변하든 말든, 시작하는 사랑의 온도는 예외 없이 뜨겁고 강렬합니다. 이 뜨거운 시절의 사랑을 얼마나 온전히 보호하고 다른 형질로 발전시킬 수 있는지에 따라 사랑하는 기간이 결정됩니다.

대부분의 사랑은 이 과정을 견디지 못합니다. 그래서 헤어지지요. 뜨거웠던 온도만큼 차갑게 식어 심장이 얼어붙는 경험을 하게 됩니다. 참으로 끔찍한 고통. 이 고통을 견디지 못해 사랑을 포기하는 사람이 생길 정도입니다.

그러나 사랑하는 그 순간만큼은 이 고통이 생각나지 않습니다. 어떤 위험도 금기도 두렵지 않습니다. 두 사람의 사랑 때문에 아파하는 사람이 생기더라도 미안하지 않습니다. 사랑으로 상처받은 사람이라 할지라도 그를 구원하는 것은, 다시 사랑입니다.

풍뎅이 마을

●

갖고 싶은 사랑이 있는 사람은 쓸쓸합니다. 과잉 배려를 습관으로 안고 살아가는 사람조차 사랑을 앞에 두고선 이기적인 성정으로 변하니까요. 그이를 가져야 하는 것입니다. 사랑은 결코 남과 나눌 수 있는 종류의 가치가 아닙니다.

갖고 싶은 사랑이 있지만 그이가 나를 바라봐 주지 않을 때, 그 쓸쓸함이 아파 아침마다 제대로 눈뜨지 못할 때, 그런 순간들을 견디지 못하는 당신을 위해 치앙마이의 풍뎅이 마을을 처방합니다.

인구 15만 명이 살고 있는 치앙마이는 방콕에 이어 '태국 제2의 수도'로 불리는 도시입니다. 풍부한 문화유산과 화려한 축제를 품고 있으며, 다른 곳에서는 찾기 힘든 수공예품과 독특한 음식들을 갖고 있습니다.

치앙마이의 이런 특징은 북부 산악마을에 흩어져 살고 있는 소수민족들의 문화로 인해 만들어진 것입니다. 대나무로 만든 뗏목을 타고 긴 강을 굽이쳐 내려오는 뱀부 트래킹, 코끼리를 타고 산자락을 산책하는 코끼리 트래킹 등 수많은 장소들이 여행자를 기다리는 도시.

그러나 우리는 그보다 조금 더 특별한 곳에 도착합니다. 치앙마이의 풍뎅이 마을입니다. 마을 입구에 있는 오두막에 들어서서 천장을 보니 10여 개의 사탕수수가 매달려 있습니다. 다가가 살펴보니 사탕수수마다 풍뎅이가 한 마리씩 붙어 있습니다. 이 풍뎅이들의 정식 명칭은 사슴벌레입니다. 주인 아저씨의 설명을 들으니 이제 곧 이 풍뎅이들이 결투를 벌일 예정이라고 합니다.

결투의 목적은 쟁취. 그 대상은 사랑.

이겨라, 밤색 풍뎅이

아저씨가 가운데 구멍이 파인 굵은 나무를 가져옵니다. 그리고 구멍 안에 부드러운 천을 넣습니다. 그 안에 들어가는 것은 암컷 풍뎅이입니다. 아저씨는 암컷 풍뎅이를 구멍 안에 밀어 넣고 입구를 봉합니다. 입구를 막은 뚜껑 틈새로 암컷 풍뎅이의 등딱지가 보입니다.

그 위에 두 마리의 수컷 풍뎅이를 올려놓으면 그때부터 결투가 시작됩니다. 암컷 풍뎅이의 페로몬 냄새를 맡은 두 마리의 수컷 풍뎅이가 사랑을 놓고 숭고한 대결을 벌이는 것입니다. 그중 한 마리의 수컷 풍뎅이가 나무 속의 암컷 풍뎅이를 차지하게 될 것입니다.

아저씨는 내게 풍뎅이를 골라 응원하라고 권합니다. 나는 차분히 풍뎅이들을 살폈습니다. 그리고 사탕수수 위에서 조용히 더듬이를 다듬고 있는 밤색 풍뎅이를 선택합니다.

아저씨가 밤색 풍뎅이의 등을 작은 나무막대로 쓰다듬고 있는 동안에 상대편 풍뎅이가 도착합니다. 커다란 뿔, 검은 등딱지. 한눈에 보기에도 녀석은 강한 풍뎅이였습니다. 녀석의 검은 등딱지 위로 윤기가 흘러내립니다. 아저씨가 검은색 풍뎅이를 살피더니 입을 열었습니다.

"테오, 운이 나쁜 것 같아. 저 녀석은 서른 번이나 이 결투에서 이긴 챔피언이야. 네가 고른 풍뎅이는 서너 번밖에 싸워 보지 않은 꼬맹이고. 해보나마나 한 대결이야. 다른 풍뎅이를 고르는 게 어때?"

비장한 얼굴로 대답합니다.

"해보지 않고는 모르는 거예요. 그게 사랑이에요. 이 풍뎅이를 응원하겠어요. 어서 결투를 시작하게 해줘요."

아저씨가 신호를 보내자 곁에 있던 청년이 두 수컷 풍뎅이 사이

를 막아 놓았던 나무 판을 치웁니다. 결투가 시작되었습니다. 두 수 컷 풍뎅이의 사랑을 건 결투입니다.

주변이 긴장으로 달아오릅니다. 두 수컷 풍뎅이가 암컷 풍뎅이를 사이에 두고 서로의 머리를 부딪칩니다. 검은색 풍뎅이가 밀치면 밤색 풍뎅이가 되받습니다. 역시 서른 번을 이겼다는 검은색 풍뎅이가 월등히 강해 보입니다.

밤색 풍뎅이의 되받는 속도가 조금씩 느려집니다. 그래도 밤색 풍뎅이는 쉽게 당하지 않았습니다. 버티던 밤색 풍뎅이에게 기회가 왔습니다. 검은색 풍뎅이가 성급하게 뿔을 세우자 그 아래로 있는 힘껏 머리를 밀어 넣었습니다. 그대로 들어올려 검은색 풍뎅이를 집어 던지면 승리는 그의 것입니다. 나는 주먹을 불끈 쥐고 밤색 풍뎅이를 응원했습니다.

그러나 챔피언은 강했습니다. 뿔을 흔들어 밤색 풍뎅이를 떨쳐낸 뒤 그대로 집어 들었습니다. 밤색 풍뎅이가 허공에 매달립니다. 검은색 풍뎅이는 이 기회를 놓치지 않습니다. 집요하게 뿔을 조여 밤색 풍뎅이를 압박합니다. 밤색 풍뎅이의 등에서 껍질이 부서지는 것 같은 소리가 들렸습니다. 나는 녀석이 죽을까 봐 두려웠습니다.

이 결투를 말려야 한다. 중단시켜야 한다.

그렇게 생각하고 아저씨의 팔을 잡았을 때, 검은색 풍뎅이가 머리 위로 밤색 풍뎅이를 더 높게 치켜들었습니다. 지상과 수직이 될

 치앙마이

정도의 각도였습니다. 검은색 풍뎅이의 얼굴에 여유 있는 미소가 흐르는 듯 보였습니다. 지친 기색 하나 없는 녀석은 천천히 주변을 둘러보았습니다.

그에게 밤색 풍뎅이는 너무 쉬운 상대였을까요? 아니면 승자의 여유로운 의식이었을까요? 나는 하늘 위로 들어올려진 밤색 풍뎅이를 차마 볼 수 없었습니다. 결투는 끝났습니다.

다시, 사랑

●

아저씨가 말해 줍니다. 격렬한 결투였다고. 아마 한동안 밤색 풍뎅이는 새로운 결투를 할 수 없을 거라고. 그런데 이상합니다. 나무에서 풀려난 암컷 풍뎅이가 밤색 풍뎅이에게로 다가갑니다. 밤색 풍뎅이를 더듬이로 살피며 다정하게 쓰다듬어 줍니다.

별일 아니라는 듯 아저씨가 이야기합니다.

"결투에서 이긴다고 암컷 풍뎅이를 가질 수 있는 건 아니야. 암컷 풍뎅이들은 아마 더 열심히 싸운 풍뎅이를 좋아하나 봐. 이런 일이 종종 있어. 결투에서 지고도 암컷 풍뎅이를 차지하는 경우 말이야."

풍뎅이들은 단 한 번의 결투에 생의 모든 것을 겁니다. 몸이 허락하는 에너지의 전부를 겁니다. 할 수 있는 모든 것을 던져 자신의 사랑을 소원합니다. 한 번의 결투를 끝으로 수명을 다하는 풍뎅이가 있을 정도라고 합니다.

　사랑을 놓고 겨루는 풍뎅이들의 결투.

　사랑을 앞에 둔 모든 이들에게 이 간절한 소원의 현장은 더없이 소중한 각오를 보여 주고 있습니다.

　갖고 싶은 사랑이 있다면 치앙마이로 향하세요.

　풍뎅이 마을을 방문해 생의 모든 것을 걸고 겨루는 그들의 프러포즈를 응원하세요.

어른이 되기 위한 산책

어른이 되지 못했다고 느낄 때
▷ ▷ ▶ 강촌을 걷다가 기차 타고 돌아오기

생명은 탄생함으로 그 존재를 시작합니다. 태어나 숨을 쉬고 눈을 떠 그대와 마주보는 순간, 비로소 우리는 세상에 들어서 생명의 이야기를 기록하게 되는 것입니다.

갓 태어난 생명은 아름답습니다. 이것은 무척 본질적인 문제입니다. 존재 자체로 사랑받을 수 있는 거의 유일한 시기이기 때문입니다. 우리가 느끼는 대부분의 고독은 이 시기를 벗어나면서 일어납니다. 존재가 아니라 존재의 가치로 인해 내가 받을 사랑이 결정된다는 것을 깨닫고 우리는 슬퍼지는 것입니다.

애쓰지 않으면 사랑받을 수 없어.

서로에게 들어서기 위해서는 노력이 필요해.

이런 사실과 만나 슬퍼하고 혹은 체념하는 과정을 지나 우리는 비로소 어른의 시절에 들어섭니다. 꽤 많은 사람들이 유아기 혹은 구강기의 성정을 벗어나지 못하는 이유는 그 시절이 지금보다 행복했기 때문입니다. 존재 자체로 사랑받던 시절을 채 떠나지 못하기 때문입니다.

어른이 되지 못하기 때문입니다.

아이의 마음으로 어른의 시절을 살아가는 사람들. 우리는 자주 그들을 만납니다. 그들의 첫 번째 특징은 조울과 자기방어. 그들을 대할 때는 세심해야 합니다. 그들은 서로 상처를 주고받는 서른 가지 이상의 기술을 알고 있습니다. 그것이 그들이 가진 구원의 도구이기 때문입니다. 상처를 주는 것으로 상처를 피하는 방식. 그것으로 더 깊이 상처 입고 후회하면서도 다시 그 날 선 도구를 서로에게 들이미는 사람들.

그들이 미처 깨닫지 못하는 것은, 상대의 오른쪽 가슴에 자기 심장을 비추는 거울이 있다는 사실.

바로 그 지점입니다. 상대에게서 자신의 쓸쓸함을 발견하고 서로를 향해 여행을 시작하게 되는 지점.

강촌

11

도시의 경계

●

기차를 타고 도시를 지납니다. 도시를 무사히 벗어나기 위한 방법으로 기차를 타는 것은 꽤 좋은 선택입니다. 기차는 가야 할 길을 놓치지 않으니까. 정거장을 거르지 않으니까 말입니다.

기차에 올라 편안한 마음으로 도시의 가장자리를 벗어납니다. 강촌은 한때 아이와 어른의 중간에 도달한 사람들이 자주 방문하는 곳이었습니다. 한 번에 수십 명쯤 되는 사람들이 여러 가지 먹을 것을 챙겨 놀러 오는 곳이었습니다. 기타를 치고 노래를 부르고 술을 마시며 밤을 보내기에 강촌만한 곳이 없었습니다.

젊음이 그대로 강촌이었던 시절. 전국의 학생들이 약속처럼 이곳에 모여 젊은 증거들을 나누던 시기. 시대의 유행이 지나 드디어 강촌은 지나간 추억이 됩니다.

그리고 지금 거기로 당신이 들어섭니다.

지나간 산책

●

안개 가득한 강촌의 새벽. 조용히 강가를 걷습니다. 물이 흐르는 소리를 듣습니다. 모든 것은 이렇게 흘러갑니다. 강물을 따라 걷다 보면 물가에 다가갈 수 있는 공간이 나옵니다.

가만히 내려섭니다. 물에 손을 넣어 물이 흐르는 속도를 읽습니다. 우리는 이런 속도로 서로의 곁을 지나치며 살았습니다.

사람을 만나 마음을 열고 친해지는 속도.

그리고 상처를 주고받은 후 다시는 만나지 못할 아픈 인연이 되는 속도.

기차가 지나가는 다리를 바라봅니다. 그것은 낡은 철교. 녹은 좀 슬었을지언정 무너지지 않는 다리입니다. 무너지기 전에 새로운 철을 덧대고 나사로 조여 수명을 연장합니다. 그렇게 덧입은 시간의 보수 위로 우리는 서로에게 기차가 되어 지나갑니다. 좀처럼 무너지지 않는 철교 위를 자주 무너지는 마음으로 지나갑니다.

친해지기 그리고 다시 멀어지기.

강촌에 도착하고 다음 역으로 떠날 때까지 기차는 엔진을 멈추지 않습니다. 숨을 고를 뿐 숨 쉬는 것을 그만두지 않습니다. 누더기처럼 기워진 당신의 철교 위로 기차가 지나갑니다.

낙서

●

떠난 기차를 보내고 다음 기차를 기다립니다. 기차는 떠났지만 아쉽지 않습니다. 다음 기차가 오고 있으므로 서운할 이유가 없습니다. 시간이 늦어 오늘 오지 않는다면 내일 새벽 이른 시간에 새로운 기차가 당도할 것입니다. 그렇게 우리의 곁은 늘 새로운 인연

으로 채워집니다.

기차역에는 낙서가 가득합니다. 기차를 기다리는 동안 사람들은 벽에 낙서를 합니다. 보내는 이야기. 맞이하는 이야기. 새로운 기차를 기다리는 이야기로 분주하게 채워집니다. 낙서를 읽거나 나의 낙서를 새기거나. 어떤 이유로든 기차를 기다리는 시간은 지루하지 않습니다. 벽의 낙서들을 온전히 읽기 위해 이번 기차를 포기해도 좋을 것 같은 마음입니다.

낙서란 원래 그런 것입니다. 어제의 기억과 내일의 약속을 비집고 오늘의 고백을 읽습니다. 다른 이들의 낙서를 읽는 일은 곧 나

　　　　　　　　　강촌

의 낙서를 새기는 일. 새로운 낙서를 기록하는 일과 다르지 않습니다. 이런 기록이 쌓여 우리들은 어른의 시간에 들어섭니다.

승부

도시는 애초에 미성숙한 아이들의 영역입니다. 아직 어른이 되지 못한 존재들이 서로의 성숙을 걸고 승부를 벌이는 운동장. 여러 나라 국기를 걸고 달리기를 하고서 상품으로 연필과 공책을 나눠 갖는 세계. 승부를 정하지 않고는 나눌 줄 모르는 아이들의 특성이 그대로 드러납니다.

새로운 공식.
갖기 위해 달리지 않기.

두려움을 잊고 다른 방향으로 달릴 시간이 되었습니다. 연필과 공책이 기다리는 지점이 아니라, 이제 교문을 향해 달려야 할 시간이 온 것입니다. 어른의 경기란 학용품을 걸고 달리는 것이 아닙니다. 운동장에서 하는 것이 아닙니다.

남들보다 더 갖기 위해 달리는 사람은 영원히 학교 운동장을 벗어날 수 없습니다. 교문을 나서야 합니다. 그래야 비로소 열리는 어른의 세계에 들어설 수 있습니다.

강촌을 뒤로하고 기차에 오릅니다. 오른편에 보이던 강물이 왼편으로 보이는 것만큼의 차이로 강촌이 멀어질 것입니다. 기차가 달리는 속도로 당신은 성장하고 이제 곧 새로운 시대에 들어설 것입니다. 새로운 공식을 이해한 사람들의 세계에 당도할 것입니다.

수많은 낙서를 지나서 이제, 어른의 시대가 시작되는 것입니다.

강촌

나를
위로하다

통리 · 영종도 · 칼리처 · 금오지 ·
침사추이 · 버스 종점

万顺客栈
电话:0512-
63331608

퉁리, 시간을 거슬러 노를 젓는 여행

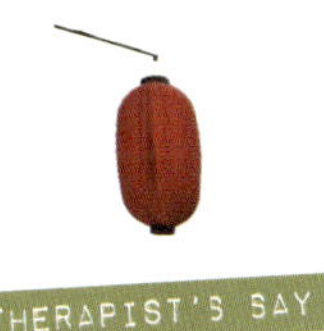

과거를 지우고 싶을 때

▷ ▷ ▶ 중국 퉁리를 찾아가 낡은 배에 오르기

과거가 현재를 습격하는 밤. 지난 기억이 지금을 괴롭혀 쉽게 잠들 수 없는 밤에 당신을 생각합니다. 영원히 사랑한다는 고백이었습니다. 내가 받은 것은. 그대로부터 선물받은 사랑의 증거는 말입니다. 그러나 영원이란 실재하지 않는 존재. 세상에는 결국 없는 단어였습니다.

내게 퉁리는 그걸 깨닫게 해주는 장소였습니다.

그녀가 묻습니다.

"지우는 여행 없을까요? 버리고 오는 여행 말이에요. 내겐 그런 여행이 필요해요."

설마 하고 물었겠지만 나는 대답합니다.

"있어요, 그런 여행. 과거를 지우는 여행. 비행기표를 끊어요. 상하이로 떠나요. 거기서 버스를 타고 통리로 향하는 거예요. 거기예요, 통리. 거기라면 원하는 대로 기억을 지울 수 있을 거예요."

섬과 다리

●

중국의 매력적인 도시 상하이는 여섯 개의 운하마을과 근접해 있습니다. 쉐이시앙 혹은 구쩐이라 불리는 이 여섯 마을 중에 가장 낡은 마을이 바로 통리입니다. 다른 마을에 비해 개발이 덜 이루어졌으며 관광지다운 느낌도 한결 덜한 곳입니다. 덕분에 통리는 그 오랜 세월의 흔적을 상실하지 않고 온전히 담아 두고 있습니다.

통리는 7개의 섬으로 이루어졌습니다. 이 섬들을 15개의 수로가 지나고 그 위에 49개의 다리가 놓여 있습니다. 700년의 역사를 가진 다리들. 그 아래로 낡은 배를 타고 지나는 것이 통리 여행의 핵심입니다.

시간을 젓는 운하

●

배에 오릅니다. 사공이 노를 저으며 마을 구석구석을 누빕니다.

마을의 어디를 보나 온통 돌입니다. 벽도 바닥도 계단도 난간도 모두 돌로 만들어져 있습니다. 명나라, 청나라 시절을 지나온 시간들이 배를 따라 바람처럼 흐릅니다.

식당 일꾼은 식사를 마친 손님의 식기를 수로에 저어 씻습니다. 더는 다른 물로 헹구지 않습니다. 배가 지나다니는 수로의 물로 식기를 씻으면서도 그걸 감추지 않습니다. 전통이 알려준 방식의 설거지이므로 창피할 것이 없는 것입니다.

하얀 얼굴의 여행자가 그 접시에 담긴 음식을 놓고 난감한 표정을 짓습니다. 그러다 나와 눈이 마주치자 싱겁게 웃습니다. '어쩌죠?' 하는 표정의 그를 향해 어깨를 으쓱해 보입니다.

억지로 먹지 않아도 좋아요. 당신은 어차피 여행자니까. 시간의 결을 따라 마음이 닿으면 그뿐. 무리해서 시간 속으로 몸을 담글 필요는 없지요.

수로를 지나는 배들은 새로 만들어지지만, 만드는 방식만은 바뀌지 않는다고 합니다. 설거지와 다를 바 없습니다. 시간이 남겨 준 방식대로 배를 만들고 음식을 하고 설거지를 하고 손님을 먹입니다.

배를 타고 운하를 지나며 통리가 보존한 시간을 만납니다. 시간을 저으며 운하를 지납니다. 사람들 곁을 스칩니다. 과거를 따라 흐릅니다. 이것이 통리의 여행입니다.

시간을 담은 마을

●

통리는 영화 속에서 더욱 유명합니다. 〈홍루몽〉, 〈건륭황제〉, 〈신난세가인〉 등 80편이 넘는 영화가 이곳에서 촬영되었습니다. 우리나라 영화인 〈비천무〉를 찍은 곳도 여기입니다. 현대극이 아니라 대부분 역사극이거나 판타지 영화입니다. 통리에 담긴 시간의 흔적이 영화의 상상력을 메우기 때문입니다.

두 사람이 나란히 걷기 어려울 정도로 통리의 골목은 좁습니다. 좁은 골목을 천천히 걷다 보면 찹쌀떡을 파는 할머니들을 종종 만납니다. 팥소를 대신해 꿀을 바른 찹쌀떡입니다.

할머니가 말해 줍니다.

“천 년 전에도 같은 맛이었어. 조금도 변하지 않았어.”

의심스럽대도 믿을 수밖에 없습니다. 우리에게는 딱히 천 년 전의 맛과 비교할 방법이 없으니까.

증거 없는 천 년 전 맛의 찹쌀떡을 먹으며 골목을 지나갑니다.

기억을 지우는 비밀

●

버린다는 것은 사실 놓는 것입니다. 기억을 버릴 수 있는 사람은 없습니다. 내가 그대를 버리는 것이 아니라 그저 그대를 놓아 줄 뿐입니다. 그리고 천천히 잊어 갈 뿐입니다. 그것이 이별입니다. 기

억을 놓는 유일한 방법입니다.

인근 도시 상하이에 최고 높이의 건물인 동방명주가 들어섰지만, 여전히 통리는 통리입니다. 낡고 허름한 통리를 부수고 새 건물을 지을 만큼 상하이는 어리석지 않습니다.

통리의 옛 이름은 부투. '부자들의 땅'이라는 뜻입니다. 청나라 관리 출신인 임란생이 1885년에 관직에서 물러난 뒤, 화가 원룡에게 설계를 부탁해 만든 퇴사원이 바로 통리에 있습니다. 수많은 사람들을 괴롭히고 재물을 빼앗은 악행의 대가로 담장의 높이를 무리하게 높여서 세운 대저택입니다. 유네스코 세계문화유산으로 지정된 퇴사원의 크고 아름다운 정원에는 이런 부끄러운 기억이 담겨 있습니다. 그렇지만 통리를 산책하는 사람들은 이런 슬픈 기억을 짐작할 수 없습니다.

통리를 걸으며 성찰하게 되는 것은 '시간을 품고 살아가는 방법'에 관한 것입니다. 통리는 시간을 지우지 않습니다. 그것이 퇴사원과 같이 부끄러운 기억이어도 상관없습니다. 지난 기억을 다리에 새기고 그 아래로 배를 저어 건널 뿐입니다. 그것이 슬픈 기억이든 아픈 기억이든 상관하지 않습니다. 그러다 어느 날 문득 시간이 기억을 놓습니다. 평화롭게 잊혀진 기억 사이로 배들을 흘려보냅니다. 노를 저어 49개의 다리 아래를 지나는 방식으로 그렇게 시간이 흐릅니다.

기억을 지우는 것입니다.

온갖 슬픈 이야기들을 놓아 주는 것입니다.

그렇게 우리는 지나간 시간을 보냅니다.

기억의 다리를 세우고 배를 띄웁니다.

통리의 방식으로.

통리의 다리 사이로.

당신의 낡은 배 한 척

지친 자신을 발견했을 때
▷ ▷ ▶ 영종도 선녀바위 옆 낡은 배들이
놓인 해변을 찾아가기

갈매기에게 들었어요. 당신의 멋진 항해에
관해 말이에요. 파도가 쳤다면서요. 그래도 물러서지 않았다면서
요. 항해야 할 바다가 있었으니까. 잡아야 할 고기가 있었으니까.
당신은 물러설 수 없었을 거예요. 그래도 그건 쉬운 일이 아니죠.

갈라진 파도 사이로 바다 밑이 보이면 겁을 먹는 게 당연해요.
높은 파도가 배를 덮치고 돌아갈 길을 감추잖아요. 배가 작은 도토
리처럼 바람 사이로 흔들릴 때 당신은 여기서 그만 돌아가야 할지
한참을 고민했겠죠.

그런데도 키를 돌리지 않았습니다. 고개를 숙이지 않았습니다.

용기를 잃지 않았습니다. 있는 힘을 다해 그물을 던지고 물고기 떼를 길어 올렸지요. 쉽지 않은 일이었지만 당신은 해냈습니다. 그렇게 살았습니다.

수많은 날들을 그렇게.

파도 앞에서 기죽지 않고.

그물

당신은 새로운 항해를 위해 그물을 수선합니다. 색이 낡았지만 그건 상관없습니다. 이물질이 끼었지만 그것도 상관없습니다. 찢어진 부분을 덧대고 밧줄을 동여맵니다. 이 그물로 얼마나 많은 고기를 잡았는지 생각합니다. 아직 한참 더 사용해야 할 그물입니다. 당신의 그물입니다.

배를 묶은 밧줄이 튼튼한지 살펴봅니다. 긴 밤에 떠내려가지 않을 만큼 단단히 묶어야 합니다. 이 줄을 놓쳐 검은 밤으로 실려 가는 배들이 많습니다.

그런 세상입니다.
조금만 마음을 놓으면 배를 잃게 되는 것입니다.

밧줄을 묶은 기둥이 낡아서 조금 걱정됩니다. 견딜 수 있을까?

 영종도

다시 파도가 쳐도 그물을 잡을 수 있을까? 잠시 생각합니다. 그리고 부품을 발견합니다. 어디서 떨어져 나온 걸까요? 한때 배의 어느 부분에 박혀 기능하고 있었을 부품입니다. 소중한 것이었을 텐데. 지금은 잘 기억나지 않습니다. 부품을 들고 고개를 끄덕입니다.

어쩔 수 없지. 소중한 것들은 지나가니까. 늘 그러니까. 사랑처럼. 내 안의 그대처럼.

구멍

●

문득 생각합니다.

조금 피곤하다고.
거울 앞으로 다가갑니다.
그리고 구멍 난 자신을 발견합니다.
두려워합니다.
끝난 게 아닐까?
더 이상 나의 항해란 없는 게 아닐까?

발견

어깨가 무거워 일어서기 힘들다고 느끼면 영종도의 해변으로 향하세요. 분주한 을왕리에 들어서기 전 선녀바위가 있는 작은 해변이 나타날 것입니다. 그 해변의 옆구리를 따라 살피면 낡은 배들을 쓰다듬으며 걸을 수 있습니다.

삶이 무거운 이유는 결국 내가 가볍기 때문입니다.
나의 무게가 삶을 지탱하지 못하기 때문입니다.

잘 견디다가도 한순간 바람에 가슴이 뚫리면 우리는 그만 눈감고 자리에 주저앉고 맙니다. 지쳐 쓰러지게 됩니다. 그리고 한동안 일어서지 못하게 됩니다.

지친 사람들에게 내가 해주는 처방은 간단합니다. 자기 모습을

바라볼 것. 지친 자신과 대화할 것. 낡은 자신의 모습을 정면으로
헤아릴 것. 그래서 결국 삶이란 따뜻하게 낡아 가는 과정이라는 것
을 이해할 것.

자신의 낡은 배와 만나는 방식으로 회복을 조언합니다.

어디에 있습니까?

당신의 낡은 배 한 척.

참 잘했어요.

이제 잠시 내려놓아도 좋아요.

다음 바다.

다음 물고기떼.

당신의 다음 항해를 잠시 잊어도 상관없어요.

갈매기에게는 내가 말해 놓을게요.

한동안 당신은 바다에 나가지 않을 거라고.

그럴 자격이 있는 사람이라고.

다음 항해를 기약할 필요도 없습니다.

당신에게 필요한 것은 내일의 설계가 아니라

지난 항해를 내려놓고 구멍 난 가슴을 들여다보는 일.

그 안의 당신과 만나는 일.

그를 불러 대화를 나누는 일입니다.

당신의 낡음을 칭찬하는 일입니다.

영종도

칼리처, 행복의 비밀을 깨닫는 여행

행복해지는 방법을 알고 싶을 때
▷ ▷ ▶ 칼리처를 걸으며 아프리카의 이야기를 듣기

남아프리카공화국은 흑인들의 땅이었습니다. 그곳에 하얀색 피부를 가진 사람들이 들어옵니다. 네덜란드인이 들어오고 영국인이 들어옵니다. 그리고 전쟁이 시작됩니다. 흑인들의 땅을 빼앗기 위한 백인들의 전쟁이었습니다. 멀고 먼 남의 땅까지 찾아와 자기네끼리 벌인 탐욕의 전쟁이었습니다.

전쟁의 승패와 상관없이 흑인들은 땅을 잃고 맙니다. 어느 쪽이 이기든 상관이 없었습니다. 진 쪽도 이긴 쪽도 모두 백인이기 때문입니다. 저항이 없었던 건 아닙니다. 원주민 줄루족의 추장 샤카가 흑인들의 희망을 모아 백인들에게 대항했습니다. 그러나 결국 승·

리는 백인들의 차지였습니다.

영웅의 시대가 가고 더는 흑인들에게 기회가 오지 않았습니다. 모든 도시들은 백인을 위해서만 발전했습니다. 풍부한 금과 다이아몬드가 도시의 발전을 도왔습니다. 도시가 아름다워지자 백인들은 생각했습니다.

'이 아름다운 도시에 검은색 피부를 가진 인간들은 어울리지 않아. 아예 저들이 눈앞에서 사라져 줬으면 좋겠어.'

불법의 역사가 시작되었습니다. 백인들은 흑인들을 차별하는 법을 만들었습니다. 백인과 사랑에 빠진 흑인 여자는 법으로 처벌받아야 했습니다. 흑인은 심지어 백인들의 마을에 들어설 수도 없었습니다. 흑인들에게 노예라는 신분은 법으로 인증된 합법적 직업이었습니다.

이 잔혹한 법의 이름은 아파르트헤이트. 케이프타운의 명문대학 UCT 법학과에서 제정하고 발표한 법입니다. UCT는 지금도 아프리카 최고의 대학입니다. 세계 최초로 심장이식수술을 성공시키고 수많은 노벨상 수상자를 배출한 대학입니다.

그러나 흑인들은 이 대학의 이름을 이렇게 기억합니다.

합법의 이름으로 불법을 지어낸 대학. 그 똑똑한 두뇌로. 조금의 미안함도 없이.

   칼리처

Coca-Cola
Coke
DRINKS
COFFF
SPEKO RICE
WELCOME
BREAD
POTATO
CHEEVS
Cell C
Vodacom
INTERNATIONAL
ONE SHOP
OMO
POLONY
CHICKEN
CHUNX
SAUSAGE
INYAMA
Vicky's
B&B
CA 719-882

새 집

1966년 어느 날 아침, 번화한 도시 '디스트릭트 6'를 시작으로 흑인들이 쫓겨났습니다. 16퍼센트의 백인들이 84퍼센트의 흑인들을 불의한 법률을 명분 삼아 도시 밖으로 쫓았습니다. 노란 피부나 갈색 피부의 사람들에게도 예외는 없었습니다. 흰 피부가 아니라면 모조리 '일종의 흑인'으로 분류되었습니다.

쫓겨난 흑인들을 위해 백인들은 도시 외곽 넓은 지역을 내어 주고 '홈 랜드'라고 이름 붙였습니다.

"이제부터 저기가 너희들의 집이야. 땅 값은 받지 않을 테니 너희들끼리 모여서 살아."

홈 랜드에는 길이 없었습니다. 집도 없고 밭도 없었습니다. 전기도 없고 수도도 없었습니다. 새로 길을 내고 집을 짓고 전기를 끌어오고 우물을 파야 했습니다. 흑인들은 백인들이 제공한 새로운 주거지역을 자신들의 언어로 '칼리처'라 불렀습니다.

뜻은 비슷했습니다. 뉴 홈.
그러나 의미는 달랐습니다. 증오.

백인들의 이 잔인한 법은 1950년 3월 15일에 마련한 다음 선언을 근거로 정당성이 주장되었습니다.

 칼리처

남아공의 주인은 백인이다. 그 이유는 백인이 백인이기 때문이다.
앞으로도 영원히 백인은 남아공의 주인으로 남을 것이다.
(House of Assembly Debates, 15/3/50 col. 610)

행복의 조건

●

대한민국은 부유한 나라입니다. 세계에서 열세 번째로 돈이 많은 나라니까요. 그러나 대한민국은 불행한 나라입니다. OECD에 가입한 나라 중에서 벌써 여러 해 자살률 1위를 기록하고 있으니까요.

'부유하지만 슬프다.'

이것이 대한민국을 말해 주는 상징적 문장입니다.

세계를 여행하며 느끼는 성찰은 명쾌한 것입니다. 돈은 행복의 전부가 되지 못합니다. 행복을 위한 수많은 도구 중 하나가 될 수는 있습니다. 그러나 돈만으로 조성할 수 있는 행복은 존재하지 않습니다. 행복을 구성하는 것은 사람이며 사람을 형성하는 것도 결국 사람입니다. 곁에 있는 사람들이 행복할 때 나도 행복할 수 있는 것입니다.

다른 사람을 고통스럽게 해도 내가 이기면 그만이라고 생각하는 사회. 대한민국이 그런 사회라면 거기 살고 있는 사람들이 불행한 것은 설명할 필요 없이 당연합니다. 스치기만 해도 화가 나고 눈길

이 마주치기만 해도 점점 기분이 나빠지는 사회. 누군들 그런 곳에서 살아가고 싶겠습니까? 떠나고 싶은 사람들이 갈수록 늘어가는 게 충분히 이해되는 순간입니다.

선명한 목적이 없어도 무조건 대학을 졸업해야 하는 현실이야말로 극단적 경쟁이 그 사회를 지배하고 있다는 증거입니다. 조금 더 부유해진 후에야 나눌 수 있다는 사람들이 아직도 국가를 경영하고 있는 현실이야말로 이 어두운 불행의 증거입니다.

아프리카 대륙 최고로 부유하지만 살인과 강간이 세계에서 가장 많이 일어나는 나라. 계층 간의 갈등과 미움이 갈수록 커져 가는 나라. 한 손에는 돈이 다른 손에는 미움이 들려 있는 나라. 빈부격차 세계 최고인 남아공의 이야기가 우리에게도 그리 낯설지 않습니다.

나는 지금 그대와 함께 남아공의 가난한 도시 칼리처에 가려고 합니다. 가진 희망이 없지만 그래도 반짝이는 눈으로 살아가는 사람

칼리처

들. 그들이 있는 아프리카의 마을 속으로 당신을 데려가려고 합니다. 우리는 칼리처 사람들이 먹는 음식을 먹고 그들이 즐기는 주스를 마시며 맨발로 뛰어 노는 아이들 속으로 들어가게 될 것입니다.

한 봉지에 3,000원 하는 오렌지는 당신이 들고 가세요. 축구공은 내가 가져가겠습니다. 당신과 함께 아이들 속으로 뛰어들어 오렌지를 깨물며 아프리카의 흙 위에서 오래오래 달리고 싶습니다.

새로운 사랑이 시작됩니다

가슴 떨리는 사랑이 시작될 때
▷ ▷ ▶ 금오지 주변을 두 번 돌아 걷기

지금은 외로운 계절입니다. 사랑을 잃은 사람도. 사랑에 빠진 사람도. 오후 3시 무렵의 쓸쓸함을 견디기 힘든 계절입니다. 사랑을 한다고 행복한 것은 아니며, 혼자라고 또 무작정 외로운 것도 아닙니다. 연인이 곁에 있지만 혼자일 때보다 더 깊은 외로움을 느끼는 사람도 있습니다.

사랑은 우리를 구원하지 않습니다.
우리가 사랑을 구원하는 것입니다.

첫 떨림에 매혹되어 의존하다 보면, 어느새 사랑은 차가운 독으로 변해 두 사람을 고통스럽게 만듭니다. 수많은 사랑의 끝이 헤어짐인 건 그래서 당연합니다.

우리가 살아가는 세상에는 이별이 사랑보다 조금 더 많이 존재합니다. 어쩌면 세상은 이별입니다. 우리를 지배하는 보편적 운명의 결은 사랑보다 조금 더 이별에 가깝습니다.

사랑하는 사람이 있는데도 혼자라고 느껴지는 게 이상한가요? 실은 그래서 사랑입니다. 자신이 혼자라는 걸 느끼고 그래서 외로워져야 비로소 사랑이 시작됩니다. 홀로 온전한 사람들은 좀처럼 사랑에 빠지지 않습니다.

사랑은 외로운 사람들의 계약.
그들이 맺는 위로의 방식.

사랑한다고 그 외로움이 한 번에 해소될 리가 없습니다. 다만 서로의 외로움을 쓰다듬을 수 있을 뿐. 그렇게 해서 외로움을 진정시킬 수 있을 뿐입니다. 연인을 만나고 돌아오는 길에 불쑥 외로워진다고 해서 그를 사랑하지 않는 건 아닙니다. 그이로부터 사랑받지 못하는 것도 아닙니다. 자신이 혼자라는 걸 잊지 않기 위한 본능적 장치가 작동되었을 뿐, 사랑을 의심할 필요는 없습니다.

사랑에 의존하는 사람은 위험합니다. 사랑이 자신을 구원해 줄 거라 믿는 사람. 이 쓸쓸함과 불행으로부터 나를 건져 줄 거라 믿

는 사람. 그런 사람들의 사랑은 서로를 해치고 주변을 해치기 쉽습니다. 그들에게 필요한 것은 현명한 사랑입니다. 사랑을 믿는 것이 아니라 자신과 연인을 믿는 마음입니다.

지혜로운 연인은 두 사람이 함께 사랑을 만들고 키우고 다듬어 갑니다. 지키지 않으면 쉽게 상하고 마는 사랑의 본질을 잘 이해합니다. 사랑이 우리를 지켜 주는 것이 아니라 우리가 사랑을 지켜야 하는 것입니다.

설레는 사람이 등장합니다. 종일 그이가 궁금합니다. 생각만으

금오지

로도 가슴이 설레고 보고 싶어서 심장이 터질 것 같습니다. 계절이
바뀌는 소리가 들리고 사랑이 시작됩니다.

저수지 걷기

기차를 타고 구미역에서 내립니다. 금오산 방향으로 10분쯤 걸
으면 물빛 예쁜 저수지, 금오지가 나옵니다. 저수지 주변을 따라 산
책로가 놓여 있습니다. 산책로에 오르면 물 위에 떠 있는 다리를
지나 저수지 둘레를 걸을 수 있습니다. 나무에 걸린 햇빛과 물 위
를 스치는 바람, 호수 건너편의 풍경이 모여 당신의 산책을 돕습니
다. 천천히 걷다 보면 시작한 위치로 돌아옵니다.

호흡을 조절하며 두 번.

그렇게 사랑을 준비하는 마음으로 금오지를 산책합니다.

사랑하는 사람의 얼굴을 마주보기 위해 필요한 것은 용기일까
요? 혹은 기술일까요? 그럴 리가요. 필요한 것은 오직 하나. 진심입
니다. 진심을 보고 서로는 결정합니다.

이 사랑에 빠져야 할지. 아니면 피해야 할지.

사랑을 결정할 때는 그래서 자기 진심을 살피는 일이 필요합니
다. 그대를 사랑하는지, 그리고 그대를 사랑하는 내 모습을 사랑하
는지 말입니다. 사랑은 저수지에 담긴 물과 같습니다. 저수지가 채

워질 때 사랑이 시작됩니다.

'사랑은 다른 사랑으로 치유되는 거야'라는 의견에 동의하지 않습니다. 치유 혹은 상실된 사랑이어야 다음 사랑을 시작할 수 있습니다. 다친 사랑으로 인해 아직 아프다면, 필요한 것은 다른 사랑이 아니라 저수지를 채우는 일입니다.

비와 바람과 햇빛이 채워지고 지나가는 사람들의 호흡이 채워지고 드디어 누군가를 띄워 올릴 만큼 수면이 확보되면, 새로운 사랑을 맞이할 수 있게 되는 것입니다.

상실은 소모 때문에 일어나는 현상입니다. 때로 자기 성정을 심하게 소모시키는 방식으로 사랑하는 사람이 있습니다. 그런 사랑을 하고 나면 큰 저수지 하나가 통째로 비워지는 거대한 상실이 일어납니다.

상실의 끝은 고독. 빈 저수지에는 새가 날아오지 않습니다. 꽃도 잘 피어나지 않습니다. 바람이 닿을 물결도 없고 햇빛이 머물 수면도 없습니다. 온전한 사랑은 저수지를 비우지 않습니다. 수량을 유지합니다. 건강하고 아름다운 사랑. 두 사람의 저수지를 보면 알 수 있습니다.

그대를 생각합니다.
나는 그대를 사랑할 수 있을까요?
그대의 사랑을 받을 수 있을까요?

발끝에 돌이 닿아 걸음을 멈춥니다.

저수지 건너를 바라봅니다.

조용히 그대의 이름을 부릅니다.

내 마음의 진심을 헤아립니다.

그리고 생각합니다.

준비가 된 것 같다고.

바람이 멈추는 틈을 타 고백합니다.

사랑해요.

당신.

침사추이, 나에게 선물하는 비일상의 주말

낯선 하루와 만나고 싶을 때
▷ ▷ ▶ 어느 주말 가볍게 날아가
홍콩의 오후와 만나 보기

한때 익숙함이 미덕이던 시대가 있었습니다. 모난 돌이 정을 맞던 시절. 사람들 속에 나를 숨겨야 마음이 놓이는 사회였습니다.

지금은 달라졌지요. 익숙함은 권태로, 무난함은 나태로 그 자리가 뒤바뀐 것입니다. 신입사원들에게도 평범함은 무능입니다. 돋보이는 재능이 없으면 인정받지 못합니다. 식당을 해도 평범한 메뉴와 인테리어로는 성공을 보장받지 못합니다. 옷을 입어도, 여행을 해도, 디저트 하나를 먹어도 특이하고 남다른 것을 선택하는 사람들이 늘고 있습니다.

그야말로 비일상의 시대가 펼쳐진 것입니다.

생활 변주의 기술

요즘을 살아가는 사람들에게 필요한 것은 지겨운 일상을 변주해 삶을 싱싱하게 관리하는 기술입니다. 부족한 시간을 쪼개 학원에 다니거나 운동을 하는 식의 변화는 처음 며칠만 새로울 뿐 곧 사람을 지치게 만듭니다. 꾸준히 해야 하는 종류의 변화는 또 하나의 반복된 일과를 추가하는 일이 되기 때문입니다.

가장 좋은 것은 크게 노력하지 않아도 만날 수 있는 변화, 나를 위해 이미 준비된 변화와 만나는 것입니다. 그런 게 과연 가능할까요? 당연히 가능합니다.

첫 번째 키워드는 '다른 나라'이며, 두 번째 키워드는 '주말'입니다.

나라가 바뀐다는 것은 곧 사람이 바뀌는 것을 의미합니다. 바뀐 사람들은 더 이상 내게 '사람'이 아닙니다. 그들은 일종의 정물입니다. 지속적인 관계를 맺을 필요가 없습니다. 물론 그 안에 깊이 들어서면 인연이고 관계이며 결국 사람이지만, 짧은 주말 여행에서 그들을 사람으로 만날 기회는 거의 없다고 봐도 좋습니다.

여기에 비밀이 있습니다.

사람에 치여 사는 우리들에게 나 이외의 사람들이 죄다 정물이 되

 침사추이

는 환경은 휴식을 위한 최고의 조건입니다.

나라가 바뀌면 음식도 바뀝니다. 메뉴를 고르는 것부터가 비일상의 시작입니다. 길거리 음식도 낯설고, 편의점에 들어서기만 해도 신기한 것이 가득합니다.

비행기에서 내리는 순간, 이미 다른 냄새의 공기를 느낍니다. '더 좋게 더 높게'에 시달리던 당신이 '온갖 다르게'와 만나게 되는 것입니다. 여행이 보여 주는 대로 도시가 말해 주는 대로, 애써 노력하지 않아도 그렇게 비일상의 세계에 도달하는 것입니다.

나를 위해 준비된 비일상의 한가운데로 걸어 들어가는 일, 그리고 돌아오는 일. 2박 3일 혹은 3박 4일의 여행. 노력한다면 1년에 서너 번도 마련할 수 있습니다. 가까운 곳을 선택한다면 여행 경비도 줄일 수 있습니다. 지역에 따라서는 저가 항공사를 이용할 수도 있습니다. 항공사 홈페이지를 방문해 미리 살펴보면 '얼리버드 티켓'이라는 이름으로 아주 싼 티켓을 구입할 수도 있습니다.

중요한 것은 나라가 아니라 도시를 여행한다는 생각. 여러 도시를 돌아다니는 것이 아니라, 한 도시에 계속 머무는 방식의 여행을 추천합니다.

裕華
YUE HWA
CHINESE PRODUCTS
MILANO
ITALY
JVC
尖沙咀站
Tsim Sha Tsui Station
Dangerous Goods

HITACHI
SIEMENS
PHI

홍콩의 침사추이에 도착합니다. 침사추이 근처에 호텔을 정해 놓고 무작정 근처를 산책합니다. 도시에 밤이 내리면 홍콩은 그 유명한 침사추이의 야경을 꺼내 놓습니다. 그걸 바라보다 문득 배가 고파지면 아무 식당에나 들어가 새우완탕면을 시킵니다. 호텔로 돌아오는 길에 비천향 육포와 맥주 한 캔을 챙깁니다.

월요일 아침이면 또다시 익숙한 도시로 떠밀려가겠지만 아직은 홍콩입니다. 침사추이의 밤이 끝나지 않았고 비천향 육포는 뜯지도 않았습니다.

작은 비일상이 일상을 싱싱하게 해줍니다. 이벤트가 아니라 생활의 소품으로 여행을 설치하세요. 틈만 나면 돈만 생기면 무작정 여행을 떠나 보세요. 여행이 주는 자극과 즐거움은 일상의 반복을 틀어 새롭게 디자인하는 최고의 방법입니다.

버스 종점, 지나간 이름을 기억하는 방법

생각나지 않는 이름이 있을 때

▷ ▷ ▶ 모르는 버스에 올라 종점까지 가보기

떠오르는 얼굴이 있는데 이름이 기억나지 않는 사람이 있습니다. 지나간 시간 속으로 이름을 묻은 사람. 누군지 생각나지 않지만 그는 틀림없이 의미 있는 사람일 것입니다.

우리 삶은 자주 소중한 이름을 잊습니다. 이것은 무척 중요한 비밀입니다. 새로운 사람을 만나 그와 인연을 나누는 일이 바로 이 비밀 덕분에 가능하기 때문입니다. 마음도 기억도 비워야 새로 채울 수 있습니다. 실은 사랑도 그렇습니다. 마음을 온전히 비우지 않고는 진정한 사랑이 들어설 수 없는 것입니다.

표지판이 있는 정거장에서 버스를 기다립니다. 늘 그렇듯 기다리는 버스는 잘 오지 않습니다. 생각보다 조금 더 기다려야 합니다. 그렇지만 당신은 지금 번호를 정하지 않고 버스를 기다리는 중입니다.

지금 들어서는 버스를 탈까? 다음 버스를 탈까? 낯익은 종점 이름을 선택할까? 처음 보는 종점 이름을 선택할까? 당신의 고민은 버스가 언제 도착하는지가 아니라, 어떤 버스에 오를지에 향해 있습니다. 덕분에 기다림의 시간이 그리 지루하지 않습니다.

버스가 도착해도 굳이 서둘러 오를 필요가 없습니다. 처음부터 앉지는 못한다 할지라도 목적지에 도착하기 전 어느 지점에서는 틀림없이 앉을 수 있기 때문입니다. 왜냐하면 당신의 목적지는 종점이니까. 종점에 도착하기 전 대부분의 좌석은 비어 있기 마련이니까. 애써 다른 사람의 어깨를 앞지르고 다투듯 버스에 오를 이유가 없는 것입니다.

이것이 종점을 향해 여행하는 여행자의 장점, 바로 당신이 가질 수 있는 여유입니다.

인연

오후가 시작되는 하늘이 햇빛으로 가득합니다. 당신과 당신의 버스는 반짝이는 햇빛 사이를 빠르게 지나갑니다. 바람과 햇빛과 버스와 당신. 종점에 이를 때까지 버스는 꽤 많은 정거장에 멈춰 설 예정입니다. 그리고 많은 사람들이 오르고 내릴 것입니다.

어디서 오르고 어디서 내릴지 알 수 없는 사람들. 그중 어느 한 순간 당신의 인연이 등장할지 그것도 알 수 없습니다. 버스는 바람 사이로 오후의 햇빛을 가르며 그렇게 종점을 향해 달리고 있습니다.

당신 앞에 앉아 있던 사람이 벨을 누르고 일어섭니다. 그리고 그 자리에 당신이 앉습니다. 창문을 엽니다. 열린 창틈으로 바람이 들어오고, 당신은 그 바람이 강하다고 느껴 창문을 조금 닫습니다. 아직 종점은 멀고 당신의 오후도 넉넉합니다.

종점

●

도시의 여기저기로. 혹은 이번 도시를 지나 다음 도시로. 버스가 달리는 곳은 우리가 살고 있는 일상입니다. 일상의 가운데를 날마다 같은 시간에 같은 궤적으로 달리는 것입니다.

버스에 오른다는 것은 어제의 일상 혹은 내일의 일상과 만난다는 것을 의미합니다. 크게 달라지지 않는 삶의 궤적이 버스의 노선으로 인해 확인됩니다. 때로 축소되고 혹은 확장되기도 하지만, 결국 버스가 지나는 길은 우리들 삶의 궤적을 벗어나지 않습니다.

거기, 우리의 기억이 있습니다.

오늘 오후는 지나간 어느 날의 오후와 멀지 않게 닿아 있습니다. 멀리 왔다고 생각했지만 의외로 그렇지 않다는 걸 깨닫게 되는 것입니다. 내가 오른 이 버스는 꽤 오래전부터 이 길을 지금과 같은 방식으로 달렸을 것입니다. 이름이 잘 기억나지 않는 그이의 얼굴을 생각하며 창밖을 바라봅니다.

버스는 이제 종점 가까이 들어서고 있습니다. 도시 외곽의 모습

공용주차장
P

은 잃어버린 기억과 닮았습니다. 낡은 도구들. 잘 사용하지 않는 물건들이 방치되어 쌓여 있는 모습들. 그런 풍경이 종점에서 버스를 감싼 채 정지되어 있습니다. 낡았지만 버려지지 않은 것입니다. 기억에서 지워졌지만 일상에서 조금 물러서 있을 뿐 사라진 것은 아니었던 것입니다.

이름

누군가의 이름이 생각나지 않는다는 것은 그가 나의 일상에 더는 등장하지 않음을 의미합니다. 기억은 일종의 습관과 같습니다. 일상에서 멀어진 사람은 잊혀지는 것이 당연합니다. 습관이 될 수 없는 것입니다.

일상에서 멀어져 더 이상 내게 습관이 될 수 없는 사람은 그 이름을 내려놓고 도시의 가장자리로 향합니다. 거기서 낡은 정물이 되어 낯선 이름의 종점으로 흐려져 가는 것입니다. 지나간 이름이 되는 것입니다.

잊혀진 이름을 기억하는 방법.

버스에 올라 당신의 일상 가장자리에 도착한 다음 그가 남긴 낡은 흔적들과 만나세요.

그의 이름은 아직 당신의 세계를 떠나지 않았습니다.

나를
채우다

나가사키 · 인천공항 · 매흥촌 ·
자월도 · 포토시 · 남산

Welcome!
亀山社中へ 100メートル
亀山社中 近藤長次郎さん
亀山社中ば活かす会

나가사키, 목적 없이 걷는 여행

목표에 대한 부담으로 일상이 힘겨울 때
▷ ▷ ▶ 낡은 도시 나가사키를 방문해
목적 없이 오래 걷기

우리는 참 성실한 사람들입니다. 열심히 일하는 사람들입니다. 더구나 똑똑합니다. 그런 우리들의 여행이 정교한 사업계획서와 출장보고서 형태를 갖추는 건 그래서 당연합니다. 남들보다 천 원만 더 비싸게 지불해도 실패한 여행이 됩니다. 조금만 돌아서 당도해도 미련이 따라옵니다.

알고 있나요? 여행의 비밀.
정말 행복한 여행들은 작은 비밀을 하나씩 갖고 있습니다.
바로, 길을 잃는다는 것.

注
意

우리는 너무 정교한 일상을 살아가고 있습니다. 그 정교함에 지친 사람들이 여행을 생각하지만, 여행마저도 비할 바 없이 정교하게 설계하고 마는 것입니다. 참 슬픈 습관. 여행에서 돌아와 더 지친 자신을 발견하고 마는 안타까운 우리들입니다.

그런 당신에게 필요한 여행을 처방합니다. 휘적휘적 발 닿는 대로 걸을 수 있는 곳. 마음껏 흐를 수 있는 곳. 당신을 위한 게으름이 준비되어 있는 곳.

일본의 한가한 도시, 나가사키입니다.

강박으로부터의 탈출

●

삶은 늘 그렇습니다. 날마다 우리를 목표로 강박합니다. 어제가 오늘에게 오늘이 내일에게. 하루도 쉬지 않고 꼭 해야 할 무언가를 던지고 감시합니다. 삶이 주는 과제를 안고 허락된 하루씩을 소모하는 것이 우리의 인생입니다.

그래서 사람들은 여행을 생각합니다. 목적으로부터 벗어나고 싶은 것입니다. 월요일 없는 일요일에 도착하고 싶은 것입니다. 그러나 여행이 끝나면 다시 월요일 아침이 돌아옵니다.

이런 인생에 변화를 줄 수는 없을까요? 목표에 의해 끌려가는 삶이 아니라 진정한 자유를 느껴 볼 수는 없을까요? 수많은 계획에 의해 포박된 일상. 그것으로부터 탈출해 지독한 강박을 풀기 위한 여행. 그런 여행을 만나볼 수는 없을까요?

폭탄이 떨어졌던 도시

있습니다. 그런 장소. 이제 우리는 나가사키로 향합니다. 장소만으로는 충분치 않습니다. 필요한 것은 여행의 방식. 어떠한 사전 정보나 예약 없이 무작정 떠나는 방식으로 나가사키를 여행해야 합니다.

우리는 여행마저도 대부분 강박적으로 해왔습니다. 그걸 봐야 하고, 몇 시 기차를 타야 하며, 무얼 먹어야만 하는 방식으로 여행을 했습니다. 이번 여행은 다른 방식의 여행입니다. 방향 없이 오래 걸을 것. 이것 하나만 정해 놓고 무작정 떠나는 여행입니다. 길을 잃어 보는 것입니다.

그래도 강박에서 벗어날 수 없다면 한때 이 도시에 떨어졌던 폭탄 하나를 생각해 보길 바랍니다. 이 도시를 품은 나라는 섬을 넘어 대륙으로 영토를 넓히려는 목표를 가진 적이 있었습니다. 그 목표가 온 나라를 강제해 전쟁까지 벌이게 된 것입니다.

과잉한 강박이 끝을 맺는 순간은 다음 단계로의 변화 아니면 해체.

나가사키가 만난 건 폭탄에 의해 종료된 강박의 최후였습니다. 이웃 나라들을 슬프게 만들면서까지 꿈꿨던 목표가 한순간에 해체된 것입니다.

가치 있는 삶의 목표란 나뿐 아니라 주변 모두가 함께 행복해지는 종류의 것입니다. 내 삶을 지배하는 목표들이 정말 가치 있는 것인지를 확인할 필요가 있습니다. 목표에 충실한 것보다 중요한 것은 옳은 목표를 설정하는 것입니다. 나가사키를 걷는 일은 그런 면에서도 충분히 의미가 있습니다.

이해하셨다면 안심하고 목표를 놓으세요. 아무것도 정해진 것 없이 당신은 곧 나가사키에 도착하게 될 것입니다.

걷기

●

나가사키는 낡은 도시입니다. 도쿄는 물론이고 인근에 있는 후쿠오카와도 비교할 수 없을 만큼 낡고 오래된 도시입니다. 그래서 이 도시를 걷는 일은 지루하지 않습니다. 소소하게 재미있습니다. 아무 곳이나 걸어도 실망하지 않습니다.

사실 이 도시에도 몇몇 관광지가 있습니다. 이나사야마 전망대에 올라가 나가사키 야경을 보는 코스가 세계적으로 유명합니다. 나가사키 짬뽕을 본토에서 먹어 보는 것도 기대할 만한 일입니다. 그러나 이것 역시 목표가 되어서는 곤란합니다. 지나는 길에 눈에 띄어 문득 들어가 먹었더니 나가사키 짬뽕, 식이어야 합니다.

여행마저도 강박이 되는 이유는 두 번 다시 못 올 것처럼 여행하기 때문입니다.

나가사키의 착한 점 중 하나는 한국에서 가깝다는 것입니다. 다시 올 수 있습니다. 이번이 끝이 아닙니다. 한 번쯤 아무 계획 없이 빈둥거리며 도시를 걷는데도 아까울 것이 없습니다.

골목이 말해 주는 대로

목적 없이 걷는 여행에는 말 그대로 목적이 없습니다. 그냥 걷는 것입니다. 아무 가게에나 들어가 물건들을 구경하고 아무 식당에나 들어가 음식을 먹는 것입니다. 내가 여행을 이끌고 다니는 것이 아니라 여행이 말해 주는 대로 걸음을 옮기는 것입니다.

이제껏 우리는 너무 똑똑한 삶을 살았습니다. 정교하게 설계한 삶의 코스대로 한 발도 어긋나지 않게 살았습니다. 거기서 벗어나면 낙오되어 실패한 인생이라도 되어 버릴까 봐 두려워했습니다. 그렇지만 길을 잃는다는 것이 꼭 실패를 의미하는 것은 아닙니다. 어떤 삶의 경우, 길을 잃어야 진정한 자기 삶과 만나게 될 수도 있습니다. 나가사키 산책은 이를테면 그걸 연습하는 여행입니다.

낯선 골목으로 불쑥 들어서는 일.
예정에 없지만 그냥 들어서는 일.
이렇게 해도 무사하구나, 별일 없구나 하는 안도감을 느껴 보는 일.

100
円
長崎
まちなか
龍馬館
index '21
1503

95
専用第 10 号
長崎市水道
52
6-26

놀이공원의 롤러코스터를 타는 이유는 안전이 보장되기 때문입니다. 보장된 안전을 타고 위기를 느껴 보는 것이 롤러코스터를 타는 재미의 본질입니다. 나가사키의 낡은 골목들을 그런 마음으로 걸어 봅니다. 계획 없이. 골목이 말해 주는 방향으로.

뜻밖의 행운

●

말해 주고 싶지 않지만 하나만 살짝 알려 드리겠습니다.

나가사키 카스텔라를 기억하세요.

무작정 들어선 가게에서 맛본 카스텔라가 너무나 맛이 있다면 그건 틀림없이 나가사키 카스텔라일 것입니다.

1600년대 일본이 최초로 나가사키 항을 개방했을 때 포르투갈 사람들이 들어와 만든 빵이 바로 나가사키 카스텔라입니다. 밀가루, 설탕, 우유, 달걀만으로 만드는 단순한 빵이지만 만드는 방법에 따라 더없이 달콤한 카스텔라가 완성됩니다. 어떤 사람들에게는 이 빵이 나가사키를 찾는 이유가 되기도 합니다.

당신의 행운 하나를 방해했지만 별로 미안하지 않습니다. 나가사키에는 더 많은 선물이 준비되어 있으니까요. 그런데 가만, 혹시 이 조언이 당신에게 또 다른 방식의 강박이 될 수 있을까요? 숨겨진 행운을 몇 개나 찾아내는지가 일종의 목표처럼 당신을 괴롭히게 될까요?

참 지겨운 습관입니다. 이것이 우리를 부유하게 만드는 성공의 습관이겠지만, 그만큼 삶을 불행하게 만드는 악마의 장치라는 것도 잊지 말아야 합니다.

일상에서 벗어나는 일은 고된 것입니다. 나가사키를 산책하는 일이 그 일에 도움이 될 수 있습니다. 나가사키의 낡은 골목에서 길을 잃어 보시길 바랍니다. 애초에 그것이 목적인 여행처럼 골목마다 길을 잃으며 오래오래 걸어 보시기 바랍니다.

당신의 여행이, 당신의 나가사키가, 당신에게 무얼 보여주고 어떤 이야기를 들려줄지 설레는 마음으로 기대하면서 말입니다.

인천공항, 떠날 준비가 되셨습니까?

무작정 어디로든 떠나고 싶을 때
▷ ▷ ▶ 인천공항 출국 라운지 카운터 D를 방문하기

　　　　　대한민국은 떠나고 싶어하는 사람들의 나라
입니다. 가장 많은 사람들이 떠남을 생각하는 나라. 영원히 돌아오
지 않는 떠남을 선택하는 나라에서 우리는 살고 있습니다. 슬픔의
계절을 지나 다시 슬픔의 계절로. 환절기도 없이 계속되는 이 계절
의 연속에서 우리가 떠남을 생각하는 이유는 간단합니다. 여기가
싫기 때문입니다. 그 싫음을 치유하거나 대체하지 못할 때 결국 떠
남을 생각하게 되는 것입니다.

　여행만으로는 이 마음을 해결하지 못합니다. 숱한 여행을 경험
하면서 우리는 그걸 알고 있습니다. 여행을 통해서는 결코 떠날 수

인천공항

없다는 사실을 말입니다. 여행이란 결국 돌아오기 위한 행위. 여행
에서 돌아와 새롭게 일상을 조성하기 위한 행위. 그래서 떠남을 생
각하는 사람들은 결국 돌아오지 않는 여행에 관해 고민하게 되는
것입니다.

출국심사

라운지에 앉아 주변을 둘러봅니다. 보내는 사람들. 떠나는 사람
들. 가방을 열어 짐을 확인하거나 돈을 바꾸기 위해 환전창구를 찾

는 사람들. 그리고 누구에겐가 전화하는 사람들. 잠시 숨을 고르고 비행기 티켓을 꺼냅니다. 여권을 펼칩니다. 카운터 직원에게 티켓과 여권을 건넵니다.

그가 묻습니다.

부치실 물건이 있나요?

아니요.

수화물뿐인가요?

맞아요.

위험한 물건은 소지하고 탑승하실 수 없습니다. 뾰족하거나 날카로운 물건이 있나요?

없어요.

위험물에 관한 국제 규격에 의거해 100밀리리터 이상의 액체도 몸에 지닐 수 없습니다. 혹시 지니고 계신가요?

그런 걸 가지고 있는지 생각해 봅니다. 그러나 잘 생각나지 않습니다. 가방을 열고 안을 살핍니다. 옷 몇 벌, 운동화 하나, 카메라, 샘플 용량의 화장품 그리고 읽고 나서 버려도 좋을 책 한 권이 전부입니다. 짐작대로 뾰족하거나 날카로운 물건 같은 건 없습니다. 100밀리리터 이상의 액체도 보이지 않습니다.

직원이 다시 묻습니다.

3
국제선탑승
國際線搭乗

Currency Exchange
$ ¥ € 元

가지고 계신 게 전부인가요?

네. 그런 것 같습니다.

창가 쪽 좌석입니다. 즐거운 여행 되시기 바랍니다.

감사합니다, 대답하고 돌아섭니다. 비행기 탑승까지는 시간이 좀 남았습니다. 아무래도 배가 고플 것 같아 샌드위치를 고릅니다. 별 생각 없이 쇼핑공간을 걷습니다. 가방을 끌고 조용히. 그렇다고 너무 느리지 않은 속도로 공항의 저편을 향해 천천히 걷습니다. 그러다 문득 깨닫습니다.

'환전을 하지 않았구나.'

마침 가까운 곳에 은행창구가 보입니다. 카드로 현금을 뽑고 달러로 환전합니다. 남은 동전은 아프리카 아이들을 위한 기부 저금통에 넣습니다. 마지막으로 약국에 들러 소화제와 진통제를 삽니다. 약을 가방에 챙겨 넣고 출국 게이트로 향합니다. 사람들이 기다리는 뒤로 줄을 섭니다.

보안 게이트 너머로 출국심사대가 보입니다. 곧바로 심사를 받을 수 있도록 여권과 비행기 티켓을 꺼냅니다. 가방을 다시 잠그고 보안대 위에 얹습니다. 벨트를 따라 가방이 들어갑니다. 옆에 있는 보안 게이트를 통과해 두 팔을 옆으로 뻗습니다.

삐익.

보안직원이 말합니다.

잠깐만요, 위험한 물건이 있는데요?

눈물이 있었군요.

밤새 흘릴 수 있을 만큼의 눈물이 그대 안에 있었습니다.

그걸 지니고는 출국 심사대를 통과할 수 없습니다.

비행기에 오를 수 없습니다.

다음 계절로 이동할 수 없습니다.

진심으로 죄송하지만 당신의 떠남을 허락할 수 없습니다.

비움

●

그 자리에서 눈물을 비우지 못한 당신을 공항은 거절합니다. 비행기는 떠나고 당신은 거기 탑승하지 못합니다. 가방을 카트에 얹습니다. 당신 안에 고인 눈물을 찾아낸 건 공항의 검색 게이트입니다. 첨단설비를 갖춘 기계답게 당신조차 인지하지 못한 눈물을 정확하게 탐지합니다.

죄송하지만 손님, 위험물을 갖고는 비행기에 오를 수 없습니다.
100밀리리터 이상의 눈물은 여러 사람에게 위험할 수 있으니까요.

보안직원의 경고가 귓가에 남아 있습니다.
아직 떠날 때가 되지 않은 것 같습니다.

떠남이 자주 도피가 되는 세상. 그것이 위험한 선택임을 알려 주는 아주 정교한 탐지. 무작정 떠나고 싶은 사람들은 가방을 챙겨 들고 인천공항 출국 카운터를 방문해 보시기 바랍니다. 가장 앞선 문명의 도구들이 당신의 떠남에 자격이 있는지를 정확하게 탐지해 줄 것입니다.

지금 슬픈 사람들에게 떠남은 사치입니다. 아직 비워야 할 눈물이 남았습니다. 그 위험한 액체를 들고 떠나기에, 당신의 여행은 아직 소중합니다.

 인천공항

도착하셨습니까?

여기는 인천공항 출국 카운터 D.

당신의 떠남을,

수속하는 자리입니다.

매홍손의 카렌, 희망이 자라나는 마을

꿈을 이루고자 하는 의지가 약해졌을 때
▷ ▶ ▶ 태국의 시골 도시 매홍손을 찾아가
카렌족을 만나고 오기

하루는 짧지만 무겁습니다. 의지를 지키기 어려운 건 그 때문입니다. 많은 약속들이 무거운 하루에 눌려 사라져 갑니다. 하물며 꿈을 들고 살아가기란 더없이 힘든 일입니다.

기억하나요? 당신의 꿈. 가슴 설레게 했던 어느 날의 소망. 그러나 지금의 당신은 그 꿈을 잊은 지 오래입니다. 놓고 살아간 지 오래입니다. 일상이 당신의 어깨를 짓눌러 생활 말고는 다른 어떤 것도 생각하지 못하게 하는 것입니다.

꿈을 잃은 사람의 시간은 일주일 혹은 한 달을 단위로 흐릅니다. 시계를 보면 어느새 금요일이고, 고개 흔들어 보면 그사이 달이 바뀌어 있습니다. 지난주의 일들이 잘 생각나지 않습니다. 내가 사용한 시간이지만 믿을 수 없습니다. 나는 그 시간들을 사용한 기억이 없습니다. 생각나지 않는 시간이라고 해서 영 무의미한 것은 아니지만 그래도 마음이 불편합니다.

이대로 살아가도 괜찮은 걸까.
내 삶이 꿈꿔야 할 소중한 가치는 없는 걸까.

안개의 도시

친근한 여행지 태국. 카오산 로드의 분주함, 시원한 해변과 리조트, 차오프라야 강의 박력에 이끌려 태국을 여행하다 보면 놓치기 쉬운 도시가 있습니다. 북부의 고산 도시 매홍손입니다.

치앙마이나 빠이처럼 유명한 도시가 아니어서 애써 매홍손을 찾는 여행자는 많지 않습니다. 지금은 비록 시골이지만, 매홍손은 화려했던 고대 란나 왕국의 중심 도시였습니다. 오랜 시간이 지났어도 여전히 도시 여기저기에 그 자랑스러운 흔적을 갖고 있습니다.

매홍손에는 몽족을 비롯해 야오족, 라후족, 리수족, 아카족 등 여러 고산족들이 평화롭게 모여 살고 있습니다. 카렌족 역시 이 마을에 살고 있는 소수 민족입니다.

매홍손의 카렌족은 원래 미얀마에 살던 민족입니다. 지금도 미얀마에는 200만 명의 카렌족이 살고 있습니다. 카렌족은 미얀마가 영국의 식민지였던 시절에 선교사들로부터 기독교를 받아들였다는 이유로 미얀마 군사정권으로부터 극심한 탄압을 받았습니다. 이후 독립운동을 전개한 카렌족은 아웅산과의 '팔롱 합의'에 따라 자치 독립을 약속받았습니다. 그러나 아웅산이 암살되면서 이 합의는 무효가 되고 말았습니다.

1449년 카렌족은 독립국을 선언하고 정부군과 전쟁을 벌였습니다. 한때 수도 양곤을 거의 함락시킬 만큼 우세한 적도 있었지만, 이후 전쟁에서 패해 태국 국경 쪽으로 밀려났습니다. 매홍손의 카렌족은 그들 중 일부가 자유를 찾아 태국으로 넘어온 사람들입니다. 정치적 박해로 인한 망명입니다. 그렇지만 그들의 현재 신분은 난민입니다. 태국 정부가 이들의 신분을 인정하지 않기 때문입니다.

이들은 학교에도 갈 수 없으며 취업도 불가능합니다. 다른 나라로의 망명도 어렵습니다. 미얀마와의 외교 관계에 예민한 태국 정부가 이들의 이동을 제한했기 때문입니다. 카렌족은 지금 인권의 사각지대에 놓여 있습니다. 그들의 신분으로는 태국의 일반 의료 시설도 이용할 수 없습니다. 미국 NGO가 세워 준 마을 안의 보건소에서 응급처치만 가능할 뿐입니다. 마을에 학교도 있지만 초등학교 수준의 교육만 받을 수 있습니다.

황동고리의 비밀

카렌족은 무척 유명한 민족입니다. 그들을 취재한 다큐멘터리가 세계적으로 알려졌기 때문입니다. 목이 긴 여자들. 목에 황금빛 링을 수십 겹이나 차고 다니는 여자들. 그들이 바로 카렌족입니다.

카렌족의 여자는 다섯 살이 되면서부터 목에 황동고리를 착용합니다. 한번 착용한 황동고리는 잘 때조차 벗지 않습니다. 그걸 쓰고 평생을 살아가는 것입니다. 1년에 한두 개씩 늘어나는 황동고리는 아이가 스무 살이 될 무렵 10킬로그램이 넘을 만큼 무거워집니다. 그녀들의 목이 길어 보이는 것은 목이 늘어나서가 아니라 황동고리의 무게로 인해 갈비뼈가 처지기 때문입니다.

그녀들의 긴 목은 황동고리로 인한 고통의 대가입니다.

카렌의 여자아이들

카렌족의 여자아이들이 대부분 목도리를 짭니다. 3일 내내 짠 목도리 한 개는 700원 정도에 팔립니다. 여자아이들의 목에는 대부분 황동고리가 채워져 있습니다. 억지로 강요받는 건 아니었습니다. 그렇지만 여자아이들은 자신들이 황동고리를 차야 하는 이유에 대해 아주 잘 알고 있었습니다.

카렌의 여자들이 아무도 황동고리를 차지 않게 되면 더 이상 여

행자들은 이 마을을 방문하지 않게 될 것입니다. 목이 긴 여자들이 사라진 마을을 애써 찾아올 일이 없을 테니까 말입니다.

그들을 구경하러 온 사람들에게 마을 입구에서 입장료를 받고 여자아이들이 짠 목도리와 팔찌를 파는 것이 카렌족의 유일한 수입입니다. 문화가 아니라 밥을 이유로 여자들의 목에 황동고리를 채워야 하는 것입니다. 이런 사실을 잘 이해하고 있는 카렌족의 여자아이들은 무겁고 고통스럽지만 황동고리를 목에 걸 수밖에 없습니다. 그녀들은 이 마을의 구원입니다.

마을 남자들은 세계 여기저기에 망명을 위한 도움을 요청하고 있습니다. 새로운 곳에 가서 자유를 얻고 기술을 배워 평화롭게 살 수 있기를 바라고 있습니다.

마을 남자들은 희망합니다. 여자들의 목에 황동고리를 채우지 않아도 살아갈 수 있기를. 그것이 온전한 ‘선택’이 될 수 있기를. 그녀들이 어느 날 아침 아무 걱정 없이 황동고리를 벗어놓고 원하는 모양의 예쁜 목걸이를 선택할 수 있기를 말입니다.

별 만드는 밤, 콤로이

카렌족의 마을을 나와 매홍손 중심에 있는 종캄 호수에 도착합니다. 나이트바자가 열려 호수 주변이 요란합니다. 노점에서는 콤로이를 팔고 있습니다. 소원을 적어 불을 붙이면 밤하늘을 별처럼 날아오르는 풍등입니다. 처음 보는 사람들이 서로의 손목에 흰 실을 묶어 주며 축복을 빌어 줍니다.

매홍손 사람들은 3일 동안 손목에 묶은 실이 풀어지지 않으면 콤로이에 적은 소원이 이루어진다고 믿습니다. 꿈은 간절한 것입니다. 당신의 소원이 힘을 잃고 잊혀져 간다면 매홍손의 카렌족을 찾아 그들의 이야기를 들어 보시기 바랍니다. 카렌족이 가진 꿈의 열망이 당신에게도 넉넉히 전달될 것입니다.

카렌족의 여자아이들이 좀더 가벼운 목걸이를 할 수 있다면 좋겠다고 생각합니다.

커다란 콤로이를 사서 소원을 적습니다.

촛불을 품은 콤로이가 매홍손의 하늘로 오릅니다.

꿈이 별이 되어 캄캄한 밤하늘을 밝힙니다.

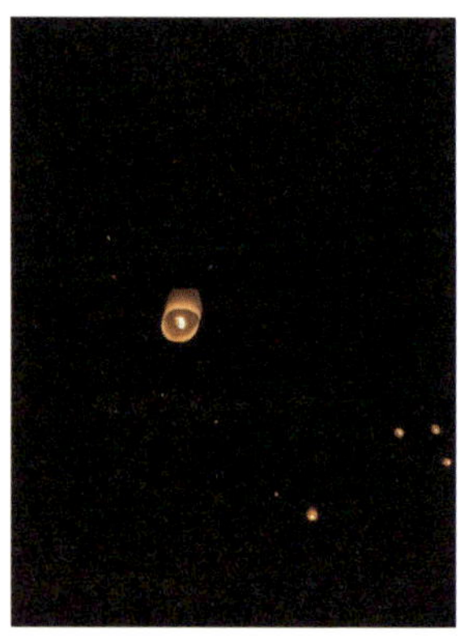

자월도, 당신의 그대를 위한 여행

연인과 둘만의 여행을 떠나고 싶을 때
▷ ▷ ▶ 그이와 손잡고 자월도로 향하기

      사랑하는 사람이 있나요? 그렇다면 당신에게 가장 행복한 선물은 당신의 그대와 함께 떠나는 여행일 것입니다. 여행은 눈을 뜨고 꾸는 꿈입니다. 현실을 사용해 꿈꿀 수 있는 일종의 기적입니다. 그런 기적을 연인과 함께 나누고 싶은 마음은 당연한 것입니다.

      그러나 여행은 자주 우리를 배신합니다. 기대하고 떠난 여행이 실망을 줬던 수많은 경험이 떠오릅니다. 사람들과 부딪히고 끝없이 소비에 노출되고 계속해서 이동해야 하는 방식의 여행에 연인을 초대할 수는 없습니다.

섬

●

바다 옆으로 난 길을 따라 끝까지 걸으면 출발했던 장소로 돌아옵니다. 여기는 섬. 육지와 구분된 장소니까요. 걸어서는 이 섬을 벗어날 수 없습니다. 밖에서도 물론 들어올 수 없습니다. 섬이 우리를 유혹하는 근원에 바로 이 폐쇄가 있습니다. 사람들의 숲에서 노출된 삶을 살다가 문득 어딘가 웅크리고 있을 장소를 그리워하게 되는 것입니다. 더구나 그 일상이 흠 없이 살아야 하는 도시의 것이라면 더욱 그럴 것입니다.

섬을 둘러싼 바다에도 깊은 은유가 있습니다. 태어나기 전 우리를 보호했던 그 따뜻한 바다가 떠오르는 것입니다. 섬은 이를테면 평화로웠던 우리들의 가장 오래전 시절을 상징하고 있습니다. 그 시절로 돌아가 아기처럼 보호받고 싶은 마음으로 우리는 섬이 그리운 것입니다.

연인과 함께 섬으로 향한다는 것은 그이와 손잡고 애초의 평화를 찾아 여행을 떠난다는 것을 의미합니다. 분주한 소비의 여행지들을 물리치고 둘만의 평화로운 공간을 찾아 온전히 보호받고 온다는 것을 의미합니다.

바다의 아침은 안개로 시작합니다. 먼 바다에서 흘러온 안개가 해변을 지나 산책로까지 올라옵니다. 연인과 손잡고 안개 가득한 해변 길을 천천히 걷습니다. 이 길을 다 걸어도 섬은 끝나지 않습니다.

바다 위의 산책

자월도는 작은 섬이지만 뜻밖에 산을 갖고 있습니다. 166미터 높이의 국사봉. 섬의 옆구리를 따라 걷다 보면 국사봉을 가리키는 이정표를 여럿 만날 수 있습니다. 백 살도 넘는 소나무숲을 지나 국사봉에 오릅니다. 아래로는 바다가 펼쳐지고 머리 위로는 솔잎이 흔들립니다. 봉우리 정상에 있는 정자에 앉아 먼 바다를 바라봅니다.

두 시간쯤 걸리는 산책을 마치고 내려와 식사를 하면 그 다음 기다려지는 것은 당연히 석양입니다. 바다 위로 내려앉는 해. 온 바다를 붉게 휘젓고 밤을 향해 달려가는 서해의 낙조를 보며 연인과 손잡고 해변을 걷습니다.

섬에 갇힌 연인이 되어 서로를 바라봅니다.

자월도

폐쇄. 그러나 더없이 평화로운.
이 조용한 공간 속에서 나는 지금 그대와 함께 있습니다.
놀라울 만큼 행복합니다.
그대로 가득한 공간이니까.

이대로 영원히 머물 수 있다면 얼마나 좋을까요.
당신의 품 같은 공간에서 깨어나지 않고 말입니다.

햇빛이 파도를 타고 섬의 언덕 위로 올라섭니다.
그대의 어깨 너머로 바람이 불어옵니다.
그래서 고백합니다.

사랑해요.
당신.

포토시, 자기를 허물어 세상을 구원한 도시

착한 사람이 되고 싶을 때

▷ ▷ ▶ 볼리비아의 포토시를 찾아가
'진정한 착함'을 배우기

나는 공정한 사람이다. 누구에게도 피해를 주지 않는다. 사람들과의 관계도 늘 평등하게 유지한다. 그렇지만 사람들은 나를 좋아하지 않는다. 도대체 무엇이 문제일까?

이런 생각을 하는 사람에게 필요한 조언은 다음과 같습니다.

사람들이 잘 모르는 비밀이 있습니다. 인간관계를 측량하는 저울의 눈금이 실은 다르게 계량된다는 사실.

상대와 나 사이의 주고받음이 정확히 대등할 때, 그 사람은 나를

계산적인 사람이라고 생각합니다. 내가 상대보다 조금 더 주고 있다면 그 사람은 나를 공정한 사람이라고 생각합니다. 내가 상대보다 한참을 더 주어야 비로소 그는 나를 괜찮은 사람이라고 생각합니다.

같은 저울을 보고 있지만 실은 다른 것입니다. 내가 보는 숫자와 상대방이 보는 숫자의 크기가 말입니다.

간단히 정리해 볼까요?

착한 사람이 된다는 것. 그것은 내가 아니라 상대의 눈금으로 관계를 측량한다는 것을 의미합니다.

포토시

LICIOSO
GO de
INUA

착한 사람들의 세상

●

착하게 살면 성공하지 못한다고 말하는 사람들이 있습니다. 그러나 세상은 언제나 착한 사람들의 것입니다. 바보처럼 자기 먹을 것에만 열중하는 사람들은 삶을 기형적으로 조성하게 마련입니다.

부유한 우리나라에 불행하다고 느끼는 사람들이 많은 이유가 실은 여기에 있습니다. 자신만을 위한 성공이란 결국 어느 누구도 행복하게 해주지 못하는 허무한 성공입니다. 함께 살아가는 사람들이 행복해야 나의 행복도 온전할 수 있습니다.

유럽과 미국에서 명품이 물러나며 생긴 자리를 기부가 차지하기 시작했습니다. 명품을 드는 것으로 인격을 과시하던 시대가 이제 나눔을 통해 인격을 표현하는 시대로 바뀌고 있습니다. 신발 하나를 팔면 똑같은 신발 하나를 가난한 아이들에게 선물하는 미국 탐스 슈즈는 광고 한 번 없이 3년 만에 200만 켤레의 신발을 팔았습니다. 물건을 만든 사람과 사는 사람, 그리고 가난한 나라 아이들까지 함께 행복해지는 제품의 등장. 나눔이 개인의 영역을 넘어 수많은 사람들의 소비 방식에까지 영향을 미치기 시작한 것입니다.

자기만 생각하는 사회가 얼마나 숨 막히고 불행한 공간인지를 깨달은 사람들이 많아지고 있습니다. 나눔은 이제 패션입니다. 인문의 시대에 가장 아름다운 스타일은 바로 착한 사람들의 진심입니다. 혹시, 착한 사람으로 사는 것이 손해가 되는 건 아닐까요? 염려할 필요가 없습니다. 나눔에는 힘이 있어서 지나고 보면 결국 그

이상의 소중한 가치들로 나의 세계가 채워지기 때문입니다.

착한 사람이 되고 싶어 애쓰지만 본심과 달리 매번 사람들로부터 안 좋은 소리를 듣는 사람들을 위한 여행지는 남미 볼리비아의 광산 도시, 포토시입니다.

황제 마을의 몰락

포토시는 해발 4,000미터로 세계에서 가장 높은 곳에 조성된 대도시입니다. 17세기에는 인구 20만 명이 넘는 세계에서 가장 큰 도시 중 하나였습니다. 포토시는 또 신대륙에서 가장 오래된 광산을 가진 것으로 유명합니다.

1545년에 발견된 은 광산은 19세기까지 해마다 5,000만 달러어치의 은을 생산했습니다. 유럽의 은 시장에 가격 혁명을 일으킬 만큼 엄청난 양이었지요. 세계 최대의 은 광맥을 포토시가 가졌던 것입니다. 호화로운 개인 주택들과 20여 채 이상의 성당도 이 도시에 세워졌습니다. 대부분 화려한 메스티소 양식으로 설계된 아름다운 건물입니다. 지금 입장료를 받고 운영되는 공원 중 하나는 그 시절 한 개인의 정원 중 하나였습니다.

볼리비아 최대의 공공 건축물인 왕립조폐국도 포토시에 건설되었습니다. 에스파냐에서 유통되던 은화의 대부분을 만들어 낸 곳이 바로 이 왕립조폐국입니다.

세계 최대 규모의 은광에서 은을 캐내고, 스물두 개의 인공호수에서 수력을 얻어 은을 가공하고, 이를 유럽에 팔아 한 나라를 먹여 살렸던 도시. 에스파냐 국왕 카를로스 1세가 '황제의 마을'이라는 별명을 붙여 주었던 도시. 그곳이 바로 포토시입니다.

그런 포토시의 은 광맥이 1825년에 고갈됩니다. 은이 떨어지자 그 대신 주석이 채굴되었습니다. 그러나 주석마저도 떨어지자 더는 캐낼 광물이 없었습니다. 지금도 은의 채굴이 이루어지기는 하지만 상징적인 규모에 불과할 뿐 누군가를 먹여 살릴 수준은 되지 못합니다. 가장 부유한 도시였으나 지금은 가장 가난한 도시가 되었습니다.

마을은 점점 몰락하고 건물은 쓰러지기 시작했습니다. 사람들은 떠나가고 학교도 문을 닫았습니다. 더는 파낼 것이 없자 이 도시는 이제 끝이라고 생각하는 사람들도 생겼습니다. 세상을 행복하게 만들었던 착한 도시. 그러나 더없이 가난해진 지금 사람들로부터 버림받기 시작한 도시.

이대로 이야기가 끝난다면 참 슬픈 일일 것 같습니다. 그러나 다행스럽게도 다음 이야기가 시작됩니다.

착한 도시 포토시의 이야기

●

모든 것을 파내 온 나라를 먹여 살렸던 도시. 볼리비아 사람들은 그런 포토시를 사랑했습니다. 도시는 자기의 역사를 스스로 증명합니다. 가진 것을 나누고 수많은 사람들을 먹여 살린 포토시의 이야기를 들으러 볼리비아 사람들은 물론이고 수많은 나라의 여행자들이 이 도시로 향했습니다.

낡은 건물에 흰색 물감이 칠해지고 레스토랑이 있는 거리는 화려한 색깔로 꾸며졌습니다. 여행자들은 도시의 펍에 모여 은광에 관한 이야기를 나누고 사진을 찍어 자기가 사는 도시로 보냈습니다.

착한 도시 포토시는 볼리비아 국민들의 희망대로 1987년에 유네스코 세계문화유산으로 등록되었습니다. 땀냄새 가득하던 포토시가 지금은 여행자들의 웃음으로 넘쳐나는 평화로운 도시로 변했습니다.

삶도 같을 것입니다. 그 사람의 얼굴이 그 사람이 살아온 인생을 말해 줄 것입니다. 광산을 열어 사람들을 배부르게 하는 인생과 은을 묻어 두고 자신의 자식, 그 자식의 자식에게만 물려주려는 인생의 차이가 그 얼굴에서 드러날 것입니다.

처음 만나는 사람들과도 웃으며 인사를 나누게 되는 도시. 길을 걷다 서로 어깨만 닿아도 무섭고 기분이 나빠지는 도시. 두 도시로 향하는 길 사이에 우리는 놓여 있습니다. 포토시의 행복이 놓여 있습니다.

포토시

남산, 사랑을 결박하는 장소

사랑을 약속할 때
▷ ▷ ▶ 남산에 올라 연인들이 채운
자물쇠들을 살펴보기

　　　약속. 지킬 수 없다는 사실을 잘 이해하고 있
는 두 사람이 기적을 희망하며 치르는 의식. 그중에서도 가장 무모
한 것이 사랑에 관한 약속입니다.

　　영원히 사랑하겠다는 약속이 얼마나 많은 연인들을 절망에 빠트
렸는지 모릅니다. 그런데도 연인들은 오늘 또 새로운 약속을 생각
합니다. 약속이어야 서로를 결박할 수 있다고 믿으면서.

　　사랑은 과연 약속할 수 있는 종류의 관계일까요?

구속

●

사랑이 소유일 수 있다고 생각하던 시절이 있었습니다. 그러나 우리는 알고 있습니다. 사랑과 소유는 서로 별 인연이 없는 단어라는 사실. 사랑이므로 소유인 것이 아니라, 사랑이기 때문에 드디어 소유의 강박을 풀고 자유로워질 수 있습니다. 사랑은 연인이 서로에게 묶은 강박을 해체할 때 완성되는 것. 자유로워지는 것.

사랑이 약속이 될 수 없는 이유가 바로 여기에 있습니다.
사랑은 더 이상 약속이 필요 없는 관계에 들어서는 것을 의미합니다.

전화기에서 연인의 친구 목록을 살피거나 계정의 비밀번호를 요구하는 것을 사랑의 권리로 착각하는 사람도 있습니다. 그것은 사랑의 권리이기는커녕 사랑할 수 있는 자격을 갖추지 못했다는 사실을 스스로 고백하는 행위에 불과합니다.

사랑은 애초에 명령 혹은 부탁으로 가능해지는 감정이 아닙니다. 스스로 선택하고 길 위에 오르는 것이 사랑입니다. 결국 사랑의 증거도 같은 방식으로 드러납니다. 두 사람 모두가 서로에게서 자유로울 때 비로소 그 관계에는 연속성이 생기며, 단단하게 서로를 사랑할 수 있게 되는 것입니다.

사랑은 자칫 몸의 절반을 허무는 것 같이 고통스럽습니다. 그것이 두려워 사랑을 피하는 사람들이 늘고 있습니다. 관계가 깊어지

는 것, 관계가 연속되는 것에 불안을 느끼는 사람들이 생깁니다. 잘
못된 기대로 사랑을 다루면 소중한 사람을 아프게 만들 수 있습니
다. 물론, 자신을 포함해서 말입니다.

자물쇠

●

남산은 오르기 쉬운 산입니다. 케이블카도 있고 버스도 있습니
다. 걸어서 올라가기에도 부담스럽지 않습니다. 정상에 오른 당신
이 만나야 할 것은 수많은 자물쇠들입니다. 연인들이 사랑을 약속
하며 자물쇠로 그 증거를 남기는 자리.

자물쇠와 함께 달아 놓은 편지를 읽습니다.

시작하는 연인. 다시 만난 연인. 결혼하는 연인. 사랑스러운 연인
들의 고백이 자물쇠와 함께 걸려 있습니다. 어디에도 열쇠는 보이
지 않습니다. 벽에 걸린 것은 자물쇠들. 사랑을 결박하는 약속의 증
거들뿐입니다. 애초에 열기 위한 자물쇠가 아니었으니까.

대부분의 연인들은 자물쇠를 달아 놓은 후 산 아래로 열쇠를 버
립니다. 다시는 열 수 없도록 열쇠의 존재를 지웁니다. 아무도 열쇠
를 갖지 않습니다. 아무도 이 약속을 열 수 없다고 믿으면서 손잡
고 남산을 내려옵니다.

결박

●

사랑의 이름으로 서로를 잠급니다.
서로를 떠나지 않겠다고 약속합니다.
자물쇠를 걸고 열쇠를 버립니다.
이제, 사랑하므로 사랑하던 연인이
약속 까닭에 사랑을 해야 하는 연인으로 바뀝니다.
조금 쓸쓸한 진실.

남산

TIME IN SPRING WH
RESH GREE
DAY WHEN SO
HEN THE TRE
AN AUTUMNA
TER TIM
WHILE WONDER
AGAIN
MORE NEW
UN DAYS

●

이 지겨운 결박에 갇히지 않고도 사랑을 약속할 수 있는 방법이 있습니다. 의외로 간단한 방법. 열쇠를 버리지 않는 것입니다. 오히려 하나를 더 만들어 나눠 갖는 것도 좋습니다.

원하면 언제든지 결박을 열 수 있다는 은유. 그럼에도 불구하고 약속을 지키고 있다는 상징.

사랑은 언제나 자의를 양보하지 않습니다. 강제로는 사랑하는 것도 사랑받는 것도 불가능합니다. 온전한 이들의 순전한 진심. 그것이어야 사랑은 비로소 사랑이 되어 연인을 축복하는 것입니다.

서로의 손에 열쇠를 쥐어 주세요.
약속을 열 수 있는 권한.
그 권한을 안고 고백하세요.
약속 대신 당신을 열겠습니다.
사랑합니다.
그대.

행복을
깨닫다

홍콩 디즈니랜드·광안리·
야꾸마 목장·골목·
아프리카의 하얀 사막·하늘공원

홍콩 디즈니랜드, 밤의 왕궁을 찾아서

친구들과 함께 어딘가로 떠나고 싶을 때
▷ ▷ ▶ 홍콩 디즈니랜드의 저녁 파티를 즐기고 오기

친구들을 부릅니다. 각자 음식을 가져와 테이블에 펼쳐놓고 달콤한 스파클링 와인을 따릅니다. 밤새 이야기를 나눕니다. 좀처럼 잠들지 못합니다. 모두들 생각합니다.

이대로 어딘가 떠나고 싶지 않니?

분위기가 삼겹살에 소주였대도 달라질 건 없습니다. 친구들끼리 모여 놀다가 무작정 떠나고 싶은 기분. 어디로 떠나면 좋을까요? 친구들과 함께 나눌 수 있는 유쾌한 여행지가 있을까요?

친구

친구는 과거를 나누는 존재입니다. 살아가는 시간들은 지워지지 않고 친구와의 인연 사이에 하나씩 기록됩니다. 오랜 친구를 만나면 그래서 편안합니다. 애써 꾸밀 필요도 없고, 꾸며서 말할 필요도 없습니다. 친구들과 함께 있으면 나이도 잊습니다. 어른의 일상을 잠시 잊고 내면의 아이들을 풀어놓을 수 있습니다.

한밤의 파티

홍콩은 즐거운 도시입니다. 침사추이를 산책하고 얌차를 즐기는 것만으로도 홍콩은 넉넉히 행복합니다. 그러나 친구들과 함께 이 도시에 도착했다면 특별한 즐거움이 더 기다리고 있습니다.

해가 지기를 기다려 디즈니랜드에 가는 것입니다.

시내에서 디즈니랜드 입구까지는 지하철을 타는 것이 좋습니다. 현실과 비현실을 잇는 느낌의 전용열차입니다. 열차에서 내려 디즈니랜드의 입구에 도착하면 이미 파티를 알리는 음악과 화려한 조명이 준비되어 있을 것입니다. 자유롭게 즐길 수 있는 티켓을 끊어 디즈니랜드에 입장합니다. 누가 먼저인지도 모르게 발걸음이 빨라집니다. 파티가 시작되었습니다.

홍콩 디즈니랜드

●

놀이공원은 나이를 박제해 놓는 장소입니다. 마차를 타고 우주선을 타고 성에 들어가는 일이 영원히 어색하지 않은 장소. 서서 돌아다니는 토끼와 말하는 쥐가 나타나도 전혀 이상해지지 않는 장소. 친구들과 함께 놀이공원으로 들어가는 순간 일상의 시계바늘은 잠시 다른 호흡으로 돌기 시작합니다.

다행입니다. 놀이공원이 있어서. 아무리 나이를 먹어도 가볍게 아이가 될 수 있는 비밀의 장소가 있어서 말입니다.

순서가 되었습니다.
목마에 오르실 시간입니다.
음악이 멈출 때까지 말에서 일어나시면 안 됩니다.
기억나시죠?
언제나 변하지 않는 회전목마의 규칙입니다.

광안리, 인연을 지우는 해변

미워하는 사람 때문에 고통 받을 때
▷ ▷ ▶ 새벽이 아침과 닿는 시간에
광안리 해변을 걷기

사람을 행복하게 만드는 것은 결국 사람입니다. 같은 이유로, 사람을 불행하게 만드는 것의 근원에도 결국 사람이 있습니다. 사람으로 인해 행복하고 사람으로 인해 불행한 것입니다. 이런 불행이 지나치면 특정한 사람뿐 아니라 사람들 모두에 대해 공포를 느끼게 됩니다. 우리 삶을 지배하는 수많은 강박 중에 가장 무거운 종류의 강박이 시작되는 것입니다.

이 불행의 조짐은 미움으로부터 옵니다. 당신의 일상에 미운 사람이 등장하는 순간 고통은 시작됩니다. 처음에는 싸워도 보고 다음에는 설득도 해보지만 상황은 나아지지 않습니다. 그는 머리가 나쁘거나 본래부터 악한 사람이어서 당신과 대립하는 것이 아닙니다. 자기가 놓인 위치 혹은 입장 까닭에 그런 존재가 되어 버린 것입니다. 필요한 것은 그의 바람대로 맞춰 주거나 아니면 그의 존재를 지우는 마음입니다.

때에 따라서 이 정도로 상황이 나아지는 경우도 있습니다. 문제는 그렇지 않은 경우. 그의 바람이 지나치거나 혹은 불편할 정도로 당신의 삶에 깊이 개입하는 경우입니다. 이런 존재를 분리해 내는 일은 쉽지 않습니다. 미움의 근원을 찾기 어려울 정도로 관계는 이미 헝클어졌고, 그의 자취를 느끼기만 해도 몸이 떨릴 만큼 삶은 고통스럽습니다.

이별

●

이 단계에 이르러 생각나는 것은 떠남입니다. 내가 떠나거나 그가 떠나거나 혹은 서로가 서로에게서 떠나는 방식으로 영원히 헤어지는 것입니다. 이별이 꼭 나쁜 건 아닙니다. 헤어지는 것으로 서로를 지킬 수 있는 관계가 분명히 존재합니다. 흔한 것은 아니지만 그런 종류의 사랑도 있습니다.

이별을 통해 사랑을 증명하는 아픈 인연도 존재합니다. 그의 세계에서 물러나는 것. 그것만이 유일하게 평화를 지키는 수단이 될 수도 있는 것입니다. 문제는 내가 아니라 그가 내게서 떠나야 하는

순간. 나의 의지가 아니라 그의 의지가 필요한 순간 때문에 일어납
니다.

어째서 그는 나를 떠나지 않는 걸까요.
이렇게 아픈데. 내가 이렇게 고통스러운데 어째서 그는 이걸 아
무렇지 않게 견딜 수 있는 것일까요.

실은 그 역시 아플 텐데,
왜 우리는 헤어지지 못하고 이렇게 묶여서
함께 슬퍼해야 하는 것일까요.

광안대교

●

광안리에 도착합니다. 해변을 바라봅니다.

광안리 해변에서는 수평선이 보이지 않습니다. 그 대신 다른 존
재가 바다와 하늘을 가르고 있습니다. 처음 이 바다에 다리를 놓을
때는 많은 사람들이 반대했습니다. 다리가 완성되면 더 이상 먼 바
다를 바라볼 수 없을 것이므로. 자연이 그려 준 그림을 지우고 사
람이 설계한 구조물이 그 자리를 차지할 것이므로.

반대하는 사람들의 의견을 넘어 결국 다리는 세워졌습니다. 광
안대교. 사람의 손으로 수평선을 그린 자리. 수평선을 건너려는 사

람들이 자동차를 타고 종일 분주하게 오가는 장소. 이 해변에 도착한 당신은 바다와 하늘을 곧게 자른 광안대교를 발견합니다. 그 다리 위로 오가는 자동차들을 봅니다.

뜻밖의 소통이 시작됩니다. 광안대교는 광안리 바다의 새로운 풍경이 되어 사랑받기 시작했습니다.

미운 그이와 나 사이에 다리를 세울 것.

다른 사람을 태운 자동차들이 좌우로 오가는 넓은 다리를 세울 것.

두 사람만의 문제를 열어 관계를 확장할 것.

두 사람 사이에 등장한 새로운 풍경을 주목할 것.

야꾸마 목장, 까삐와라의 고백

모든 것을 내려놓고 싶을 때
▷ ▷ ▶ 아마존 야꾸마 강의 목장에서
　　　일주일간 머물다 오기

아마존 상류의 두 강, 베니와 야꾸마. 강을 따라 여러 개의 목장이 있고 대부분의 목장에는 여행자들이 머물 수 있는 작은 숙소가 있습니다. 그중 야꾸마 강은 강물이 느리게 흘러 시간이 고여 멈춘 것 같은 느낌을 주는 강입니다.

천천히 흐르는 강. 느리게 움직이는 동물들. 배부른 악어. 돼지처럼 커다란 쥐 까삐와라. 대여섯 마리씩 겹쳐 엎드려 있는 거북이들. 그 나른하고 고요한 강변의 목장에서 며칠을 보내고 나면, 거기에 머물렀던 여행자의 시간도 야꾸마와 동화되어 한없이 나른하고 고요해집니다.

이 조용한 목장은 분주한 도시에서 탈출한 여행자들의 낙원입
니다. 전화도 없고 와이파이도 없습니다. 버스도 없고 택시도 없습
니다. 그런 걸 사용하기 위해서는 작은 보트를 타고 다섯 시간이나
강을 내려가야 합니다.

올리비아

야꾸마 목장에서 빵을 반죽해 굽는 일을 돕는 여자아이가 있습
니다. 그녀의 이름은 올리비아. 말을 타고 목장 주변을 산책하고 오
면 올리비아가 구워놓은 빵이 기다리고 있습니다. 해먹에 누워 빵
을 들고 묽게 탄 커피를 마시고 있으면 목장의 오후가 잠시 정지된
것처럼 느껴집니다. 달리 할 일이 없어 올리비아에게 말을 겁니다.
"몇 살이니?"
나는 에스파뇰을 모르고 그녀는 영어를 모릅니다. 그렇지만 어렵
지 않게 말이 통합니다. 올리비아가 "씽꼬"라고 대답하며 손가락 다
섯 개를 폅니다. 나도 대답으로 손바닥을 몇 번쯤 쥐었다 폈다 합니
다. 올리비아가 깔깔 웃으면서 내 손을 잡고 강변으로 이끕니다.
올리비아가 손가락으로 가리키는 강물 여기저기에 분홍색 돌고
래가 보입니다. 통나무에 앉아 올리비아가 가리키는 분홍색 돌고
래를 찾으며 오후를 보냅니다. 강 건너편에 악어가 한 마리 누워
있지만 걱정하지 않습니다. 분홍색 돌고래도 올리비아도 악어 따

위는 신경 쓰지 않으니까. 굳이 내가 그걸 걱정할 필요가 없는 것입니다.

고개를 흔들어 보면 꿈에서 막 깬 것처럼 몽롱합니다. 여기가 어디인지 지금이 며칠인지 가늠되지 않습니다. 가끔 들리는 올리비아의 웃음소리와 멀리서 들려오는 새소리도 현실로 느껴지지 않습니다. 올리비아가 옷을 벗고 강물 속으로 뛰어듭니다. 분홍색 돌고래 몇 마리가 그녀를 따라갑니다. 악어는 여전히 강 건너편에 누워 있습니다.

눈을 감습니다. 꿈처럼 흘러가는 아마존 목장의 오후입니다.

알레한드로

●

"내 이름은 알렉산더예요."

알레한드로가 말합니다. 자기 이름을 영어식으로 말하고 있습니다. "알렉산더? 알레한드로가 맞지 않니?" 하고 물었더니 "그건 촌스럽잖아요. 내 이름은 알렉산더예요"라고 대답합니다.

알레한드로가 말 두 마리를 데려오고 그중 한 마리에 올라탑니다. 이웃 목장까지 말을 타고 산책하는 모험입니다. 길이 제법 험하지만 내가 걱정할 일은 아닙니다. 중심이 안 맞아 비틀거리면 말이 엉덩이를 흔들어 내 중심을 잡아 줍니다.

말 위에서도 나는 달리 할 일이 없습니다. 이것이 야꾸마 목장의 방식일까, 생각합니다. 여행자에게 아무 일도 시키지 않습니다. 놀아 주려고 애쓰지도 않습니다. 한참을 걸어 숲을 지나자 이웃 목장이 나타납니다. 시원한 물과 과일로 손님을 맞아 줍니다.

목장 사람이 알레한드로를 부릅니다.

"알레한드로!"

역시 알렉산더가 아니라 알레한드로가 맞습니다. 알레한드로가 맥주를 마실 거냐고 묻습니다. 아 반가운 소리! 기쁘게 받아 든 맥주가 더없이 시원합니다.

돌아오는 길에 뱀을 만났습니다. 물웅덩이에 누워 있던 뱀의 정체는 아나콘다. 알레한드로가 말에서 내리더니 막대기로 아나콘다의 옆구리를 콕콕 찌르고 있습니다. 생소한 풍경입니다. 나른한 아마존의 공기와 통나무처럼 두꺼운 아나콘다의 옆구리 사이로 알레한드로의 막대기는 쉴 새 없이 콕콕콕콕.

말릴까 말까 고민하는 내게 알레한드로가 이야기합니다.

"아마존에서 가장 만만한 동물은 밥 먹은 아나콘다예요. 그 다음이 밥 먹은 악어. 밥 먹은 아나콘다는 지렁이보다도 무섭지 않아요. 테오도 한번 찔러 볼래요? 다음 달까지는 마음껏 찌를 수 있어요. 그 다음에는 또 한동안 식사 마치길 기다려야 하지만."

식스또 할아버지

까삐와라는 세상에서 가장 큰 설치류입니다. 쥐의 먼 친척이지만 쥐와는 그리 닮은 곳이 없습니다. 일단 머리가 나쁩니다. 매번 친구들이 악어에게 잡아먹히는 장소가 있는데도 그곳을 피하지 않습니다. 머리가 나쁘기 때문입니다.

한 달에 한 번 식사를 하는 악어의 식욕이 무척 고마울 뿐입니다. 악어에게 식탐이 있었다면 아마존의 까삐와라들은 벌써 멸종되고 말았을 것입니다. 목장의 식스또 할아버지에게 묻습니다.

"까삐와라도 일종의 쥐잖아요. 왜 저렇게 바보같지요?"

할아버지가 대답합니다.

"그게 아니야. 돌아가면서 악어의 먹이가 되는 걸로 가족을 지키는 거라고. 용감한 까삐와라들이야."

정말일까 싶어 할아버지의 얼굴을 살피니, 빙글거리며 웃는 모습이 영 수상합니다.

"거짓말이죠, 할아버지?"

할아버지가 웃으며 대답합니다.

"미안해. 거짓말이야. 그렇지만 알 수 없잖아? 까삐와라가 되어 보지 않고는 아무도 모르는 거야."

아무도 모르는 거야. 까삐와라가 되어 보지 않고는.

야꾸마 목장

식스또 할아버지의 말이 귓가에 맴돕니다.

아마존의 오후가 조용히 지나가고 있습니다.

애초에 인생이란 빈 몸 하나로도 충분히 행복하도록 설계되어 있다는 걸 알려 주는 장소. 투칸과 거북이와 악어와 노란 안경원숭이. 까뻬와라와 분홍 돌고래와 배부른 아나콘다가 사는 곳. 올리비아가 구워 준 빵을 들고 알레한드로의 말을 타고 정글의 가장자리를 걸으며, 나른한 오후를 산책하는 장소.

여기는 아마존.

아무것도 들고 있지 않은 자유로운 사람들의 낙원입니다.

골목, 10년 전의 나를 만나는 방법

지난 시절의 내가 그리울 때
▷ ▶ ▶ 좁은 골목길을 찾아 걷기

바람이 굽어 부는 장소가 있습니다. 한가하고 나른한 곳. 천천히 오래 걸어도 지루해지지 않는 곳. 빨리 달리고 싶어도 좀처럼 그럴 수 없는 곳.

골목입니다. 같은 바람이 부는 계절에도 골목에 서 있으면 한결 더 시원한 바람과 만날 수 있습니다. 바람이 좁은 골목을 돌며 적당한 속도와 온도를 맞추기 때문입니다. 그러나 골목이 가진 가장 큰 미덕은 다른 데에 있습니다.

그것은 바로 시간을 담아 두기에 적절한 장소라는 사실. 골목에 놓인 물건과 다양한 모양의 대문과 이웃들의 삶이 묻은 담장들이

바로 시간을 담아 두는 장치입니다. 골목은 낡아도 추해지지 않고 그리운 냄새를 만들어 냅니다.

시간에 몰려 쫓기듯 하루를 보낸 당신이 당도해야 할 장소는 그래서 골목입니다. 골목을 걸으며 한 걸음씩 지난 시절의 당신을 향해 걸어 들어가는 산책. 삶의 과속을 조절하고 잊고 살아온 것들을 꺼내 매만지고 싶다면 골목을 산책하는 것이 좋습니다.

욕망

그렇지만 골목을 찾는 일은 쉽지 않습니다. 사람들이 부수기 때문입니다. 풍요에 중독된 사람들은 직선으로 달리는 일에 익숙해서 골목을 그냥 내버려두지 못합니다. 낡고 오래된 것에 대한 존경도 덜합니다.

수없이 많은 골목들이 사라지고 높은 건물들이 들어섰습니다. 더 자유롭게 살 것 같았지만 좌우로 위아래로 바짝 붙어서 살게 되었을 뿐입니다. 더 친근하게 살 것 같았지만 오가다 눈이 마주쳐도 인사를 나누지 않게 되었을 뿐입니다. 이것이 골목을 버리고 새롭게 조성한 우리들 도시의 우스운 모습입니다.

세상에서 가장 비인간적이고 아름답지 않은 건축물은 아파트입니다. 감옥이 형벌에 대한 구속의 구조물이라면 아파트는 행복 혹은 욕망에 대한 강박의 구조물이라는 점에서 더욱 그렇습니다. 우리는 어째서 골목의 집들을 부수고 저 우아하지 못한 건축물을 선택하게 되었을까요? 건물의 수명보다도 길게 20년, 30년씩이나 삶이 묶여 딱딱하게 조각되어진 걸까요?

골목을 돌아 학교에 가고, 골목을 걸어 회사에 가던 시절을 놓치면서 우리들의 시간은 지나치게 속도를 높이기 시작했습니다. 행복을 향해 달려갈수록 더 많은 행복을 떨구게 되는 이상한 공식에 빠지고 말았습니다.

하늘

건물이 높다고 하늘과 더 가까워지는 것은 아닙니다. 실은 하늘과 지붕을 맞대고 살아가던 수많은 사람들이 다른 집의 바닥 아래로 옮겨졌습니다. 더는 하늘과 직접 만날 수 없고 창밖으로 바라볼 수밖에 없는 관계가 되었습니다. 30층 높이의 아파트라면 한 동에 보통 116개의 하늘이 다른 집의 바닥으로 뒤바뀐 셈입니다. 골목을 엘리베이터와 계단 통로로 뒤바꾼 것에 대한 대가치고는 더없이 궁색합니다.

좁은 공간에 많은 사람들이 살기 위해서는 아파트밖에 대안이 없다고 주장하던 사람들이 있었습니다. 그것이 얼마나 실없는 소리인지 조금만 관심을 가지면 알 수 있습니다. 하늘과 격리된 주거 공간이 그곳에 누워 잠드는 사람들에게 어떤 영향을 주는지 생각

해 볼 필요가 있습니다.

무겁게 하늘을 덮은 곳에서 잠들고 역시 같은 무게로 하늘을 덮은 곳에서 일합니다. 먹거나 즐기는 공간도 크게 다를 바 없습니다. 시간도 바람도 하늘로부터 흐른다는 사실을 잊었기 때문일까요? 무엇 때문에 살아가는지를 살필 틈도 없이 하루를 보내고 한 달을 보내고 10년을 보내는 사람들이 늘고 있습니다.

기억

지금의 나는 지난 시절의 내가 희망했던 나일까요? 그걸 돌아보는 일은 중요합니다. 우리는 알고 있었습니다. 어떻게 사는 것이 행복한 것인지. 의미 있는 것인지. 10년 전의 우리는 그걸 알고 있었습니다. 그런데 이상합니다. 이렇게 열심히 살고 있는데 어째서 우리는 가난한 걸까요? 좀처럼 행복해지지 못하는 걸까요?

그 비밀을 이해하기 위해 지난 시절의 당신이 필요합니다. 비밀을 이해하고 비결을 찾기 위해 10년 전의 그이와 만나야 합니다. 당신이 참 현명했던 시절. 반짝이는 눈빛을 갖고 있던 시절. 그 시절로 돌아가 이 슬픈 삶의 공식을 헤아려 봐야 합니다.

골목을 찾습니다. 골목은 10년 전의 당신과 마주치기에 더없이 좋은 장소입니다. 다행히 골목들이 몇 남아 있습니다. 서울 서촌, 전주 서신동, 부산 보수동, 강릉 남문동, 대구 읍성, 목포 만호동. 그리고 몇몇 더 사라지지 않은 골목들.

그중 가까운 한 곳을 찾아 길을 나섭니다. 골목을 걸으며 처음 만나는 것은 지붕 위의 하늘입니다. 거기서 불어오는 바람입니다. 나란히 따라오는 담장과 키를 겨루며 걷습니다. 골목길의 담장은 기가 질리지 않습니다. 당신의 높이와 크게 다르지 않습니다.

담 위에 놓인 물건들. 길에 세워진 물건들. 그 소소한 장식들이 당신의 산책을 돕습니다. 어느 골목을 돌면 당신의 그 시절이 나타날까요? 세상이 당신의 높이와 크게 다르지 않던 그 무렵에 들어설까요?

골목 끝에서 오른쪽으로 돌면 작은 세탁소가 나와.

거기서 또 왼쪽으로 돌면 빨간 우체통이 나오지.

바로 거기쯤이야.

네가 놓고 간 희망들이 아직 놓여 있는 곳.

아프리카의 하얀 사막 걷기

사랑하는 연인과 헤어졌을 때
▷ ▷ ▶ 아프리카의 하얀 사막
'아틀란티스 샌듄'을 걷기

모든 여행은 돌아오기 위한 방법을 고민하는 것으로 완성됩니다. 돌아올 수 있어야 여행입니다. 그걸 놓치는 사람들은 자기 자리로 돌아오지 못합니다. 사랑과 다를 바 없습니다. 좋은 사랑은 좋은 이별을 지니고 있습니다. 슬플지언정 미워하지 않는 이별. 진정한 사랑은 그대를 놓아주는 연습을 마친 다음부터 시작되는 것입니다.

입 안 가득 모래가 씹히는 느낌 때문에 물조차 마시지 못하는 슬픔이 있습니다. 음악도 들리지 않고 걸어도 거리가 가늠되지 않습니다. 살아 있는 것조차 잘 느껴지지 않습니다. 숨을 쉬고 있는지

눈을 뜨고 있는지도 모를 만큼의 고통. 이런 종류의 슬픔은 대체로 이별이 주는 것입니다.

이별이어야 비로소 세상이 얼마나 넓은지, 그 넓은 세상에 왜 홀로 서 있어야 하는지를 깨닫게 됩니다. 그 지독한 슬픔을 경험한 사람은 떠남에 관해 생각합니다. 여기만 아니면 어디라도 좋을 다른 먼 곳으로 도망가고 싶어 합니다. 그런 이들에게 해주는 나의 조언은 일관된 것입니다.

떠나지 말아요.
떠나는 방법으로는 아무것도 해결할 수 없어요.

한동안 연락이 없던 그녀가 내게 메일을 보냈습니다. 연인을 잃었다는 이야기. 그리고 너무나 슬프다는 이야기. 조용한 카페에서 그녀를 만났고 그녀는 자리에 앉자마자 내게 말했습니다.

"어딘가로 떠나고 싶어. 여행도 좋고 유학도 좋아. 최대한 빨리 어디로든 갈 수 있다면 좋겠어."

한동안 그녀의 얼굴을 바라보다 대답합니다.

"사막이 좋겠는데? 가본 적 있니? 괜찮다면 좋은 사막을 한 곳 알려줄게."

놀란 얼굴의 그녀가 묻습니다.

"사막? 내가 거기를 혼자서 갈 수 있을까?"

웃으며 대답합니다.

"그럼. 혼자서 걸을 수 있지. 그런 곳이야 거긴. 혼자서 걷는 사람들에게 어울리는 사막."

사막의 이유

몰랐겠지만 그녀가 서 있는 거기가 바로 사막입니다. 사막을 권한다고 놀랄 일이 아닌 것입니다. 실은 목이 마른 곳이라면 어디나 사막입니다. 오래전부터 그녀는 이미 사막을 걷고 있었습니다. 남자에게서 혹은 가족에게서 오아시스를 기대하며 목마른 산책을 하고 있었습니다.

신기루는 모래 말고도 여러 곳에 등장할 수 있습니다. 모래보다 사람에게서 더 많은 신기루가, 기대를 배신하는 상실의 고통이 나타날 수 있습니다. 사막에서는 신기루와 나와의 관계가 명확해집니다.

저건 신기루야. 가봤자 물 같은 건 없어.

그걸 깨닫게 되는 것입니다. 쫓아가면 안 되는 것. 열심히 따라가봐야 아무 소용없는 것. 그게 보이는 것입니다. 정확한 방향으로 천천히 오래오래 걸어야 한다는 사실을 이해하게 되는 것입니다. 그런 의미에서 사막은 그녀에게 필요한 여행지였습니다.

사막 중에서도 아틀란티스 샌듄. 그녀가 향할 장소로 나는 그곳을 제안했습니다.

케이프타운, 아프리카의 빛나는 도시

아프리카의 남쪽 해변에 반짝이는 도시가 하나 있습니다. 케이프타운. 희망봉과 테이블 마운틴이 있는 도시. 아프리카 땅이면서도 사자 대신 펭귄이 살고, 뜨거운 해변 위로 남극에서 온 차가운 파도가 부서져 올라오는 곳.

그 도시의 북서쪽을 향해 차로 두 시간쯤 오르면 눈처럼 하얀 사막, 아틀란티스 샌듄이 나옵니다. 사막이라기에는 미안할 만큼 작은 크기지만, 겸손한 마음을 가진 사람들의 첫 번째 사막으로 손색이 없는 곳입니다.

사하라처럼 터프한 사막을 기대하는 사람에게는 실망을 줄 수 있습니다. 그렇지만 작아서 좋은 점도 많습니다. 허약한 여자의 다리로도 안전하게 걸을 수 있고, 구두에 무른 맨발로도 부드럽게 걸을 수 있으며, 목이 좀 마를 수는 있지만 생명을 위협당하는 수준은 아니라는 장점이 있습니다.

     아프리카의 하얀 사막

선글라스는 두고 가는 것이 좋습니다. 아틀란티스 샌듄은 모든 사막 중에서 가장 하얗다고 해도 과장이 아닐 만큼 하얀 모래를 자랑합니다. 선글라스는 그 하얀 모래를 본연의 색으로 바라보는 걸 방해합니다.

물 한 병을 준비하는 건 좋은 선택이지만, 샌드위치 같은 간식은 바람직하지 않습니다. 가방도 신발도 차에 벗어 두고 가벼운 몸으로 나서는 것이 좋습니다. 대신 주머니에 손가락 크기 정도의 유리병 하나를 챙겨갈 것을 권합니다. 유리병에는 꼭 마개가 달려 있어야 합니다.

사막의 언덕 위에 오르면 마개를 열고 모래 위에 병을 세웁니다. 그렇게 30분쯤 지나면 사막의 태양과 바람과 냄새가 병에 가득 담길 것입니다. 그 다음 할 일은 조심조심 마개를 닫는 것. 여행에서 돌아온 당신은 책상 위에 아프리카 사막의 바람과 냄새와 햇빛을 세워 두게 될 것입니다.

가장 높은 언덕에 올라 아래로 몸을 굴리는 것도 좋습니다. 사막의 굴림에 저항하지 않고 온몸을 맡깁니다. 걱정할 필요는 없습니다. 당신의 걱정만큼 빠르게 내려오진 않을 테니까. 아래까지 굴러 내려오면 눈을 감고 두 팔을 펴고 한동안 일어서지 않습니다. 옷을 벗고 능선을 따라 천천히 걷는 사람도 있었습니다. 다른 사람 눈치를 볼 필요는 없습니다.

부딪힐 것 없는 사막의 가운데에서 스카프로 얼굴을 가리고 맨발로 흔들리듯 걷던 여자가 있었습니다. 그녀가 떠나온 사막에는 어떤 사람들이 있었을까요? 그녀는 어떤 이야기를 두고 여기 도착한 것일까요?

궁금하지만 묻지 않았습니다. 사막에서는 서로를 방해하지 않는 것이 예절이니까. 나 역시 같은 마음으로 이 사막에 도착했으니까.

매일 밤 바람이 불어 아침마다 언덕 위치가 바뀌는 곳.
애초에 삶은 곧 사막을 걷는 일이라는 걸 하얗게 가르쳐 주는 장소.
어느 날 당신이 연인을 잃고 슬퍼졌을 때를 위해 기억해 두세요.
상실을 어루만지는 위로의 사막.
남아공 케이프타운의 아틀란티스 샌듄입니다.

하늘공원, 상처를 묻는 언덕

내 안의 아픈 상처를 묻고 싶을 때
▷ ▷ ▶ 하늘계단에 도착해 버려진 것들의 산을 오르기

난초가 자라던 섬이 있었습니다. 계절을 따라 온갖 꽃들이 피고 수만 마리의 철새들이 날개를 내려 머물던 곳. 농부들이 땅콩과 수수를 심어 밭을 일구던 장소.

서울에서 나오는 쓰레기들이 죄다 모여드는 섬이 있었습니다. 참을 수 없는 악취가 섬 구석구석을 덮었던 곳. 흔한 잡초도 자라지 않고 지나가던 새들마저 날개를 저어 피하던 장소.

두 섬의 이름은 같습니다. 모두, 난지도.

1978년 서울 사람들은 작고 예쁜 한강 위의 섬 난지도에 쓰레기

를 버리기 시작했습니다. 온 도시의 쓰레기를 모아 난지도로 보내고 땅을 파서 버린 다음 무작정 흙으로 덮었습니다. 이 야만스러운 행동은 이후 15년 동안이나 계속되었고, 산이 없던 난지도에는 쓰레기로 세워진 산이 하나 생기고 말았습니다.

1억 2,000만 톤의 쓰레기. 더 이상 묻을 곳도 쌓을 곳도 남지 않은 후에야 난지도는 사람들에게서 풀려날 수 있었습니다.

난지도는 그 후 오랫동안 세상의 관심에서 잊혀졌습니다. 그렇게 8년. 잊혀진 난지도가 일어서기 시작했습니다. 쓰레기를 뚫고 올라온 풀들. 그리고 꽃들. 개개비, 후투티, 꼬마물떼새 같은 철새들이 계절을 기억해 찾아오고, 황조롱이는 아예 알을 낳고 난지도에 머물기 시작했습니다.

도대체 무엇을 얼마나 버렸는지조차 알 수 없을 만큼 처참하게 학대받은 섬이었습니다. 그러고는 버려져 긴 시간 동안 잊혀진 섬이었습니다. 그런 난지도에 풀씨가 날아들고 싹이 일어나고 꽃이 피어난 것입니다. 다시 살아난 것입니다. 늘 그렇듯 생명은, 스스로 기적입니다.

모든 외로움에는 끝이 있습니다.
상처가 치유되는 시간은 결국 옵니다.
조금 늦을지언정 영원히 아플 수는 없습니다.
한때 당신이 가졌던 난초.
당신에게 머물렀던 철새.
그런 흔적들이 사라지지 않고 증거가 되어
당신의 소중함을 증명할 것입니다.
이렇게 오래 잊혀지기에는
당신은 너무 소중한 존재입니다.

하늘공원

서울 지하철 6호선 월드컵경기장역에서 내려 하늘공원을 향해 걷습니다. 입구에 도착하면 하늘공원에 오르는 계단이 나옵니다. 이름도 하늘계단입니다. 계단을 오르면서 생각합니다.

'다시는 내 안에 사람들의 쓰레기를 담지 않겠어.'

자의에 의해, 혹은 다툼을 피하는 방식으로 사람들이 버린 감정의 잔해들을 쌓아 두던 시절이 있었습니다. 마음에 쌓인 상처들이 쓰레기 산을 만든 후에야 나는 그것을 후회했습니다. 사람들 사이를 다시 걸을 수 있게 된 것은 아주 최근의 일입니다.

291개의 계단을 올라 하늘공원을 걷습니다. 공원 가장자리로 한강이 보입니다. 바람을 닮은 구조물이 사람들의 산책을 돕습니다. 새들을 기다리는 새장 모양의 조형물. 나뭇잎 흔들리는 소리. 새들이 내려앉는 소리. 하늘공원은 회복된 자연이 들려주는 치유의 고백으로 가득합니다. 손을 뻗어 바람의 결을 느끼며 그렇게 천천히 하늘공원을 걷습니다.

그 리 하 여 . . .

내 안에 흐르고 있는 외로움의 결에 관해 생각해 봤습니다. 서툰 성찰로 그대의 마음을 헤아리는 건 언제나 힘이 듭니다. 그래서 더 깊이 달려들 수밖에 없습니다. 눈 감고 뛰어드는 방식. 그대의 오른쪽 심장을 향해. 그리하여 결국 그대의 호흡을 읽고 참았던 숨을 내쉬는 기분으로 그대의 마음 안에 들어서게 되는 것입니다.
이것은 참 고통스러운 방식의 위로.

걷지 않고 뛰면서.
왼쪽이 아니라 오른쪽 심장을 향해.

나의 위로는 당신을 돌아 내게로 귀환합니다. 결국은 나를 구원하기 위해 당신을 향하는 것입니다. 삶은 외로우니까. 위로받기 위해서는 먼저 그대가 치유되어야 하니까. 어쩌면 좋을까요? 누군가를 위로하는 방식으로만 위로받을 수 있는 허약한 에세이스트의 이 지독한 쓸쓸함을 말입니다.

스스로를 치유하기 위해 찾아낸 방법은 그대의 상처를 만지는 것입니다. 그리하여 둘이 함께 구원받는 것입니다. 상처를 만지는 것. 둘이 함께 구원받는 것. 그것이 내가 글을 쓰는 거의 유일한 이유입니다.

이번 책으로 그대의 상처를 만질 수 있다면 좋겠습니다. 독자가 책을 읽는다는 것은 작가에게 가슴을 열어 준다는 의미입니다. 두 손으로 책을 펼치는 표준적 자세야말로 그 사실을 잘 설명해 주고 있습니다.

그대가 열어 준 가슴 사이로 떨리는 손을 넣겠습니다. 얼마나 깊이 들어갈지 알 수 없지만 손끝에 그대의 쓸쓸함 닿아 건져올릴 수 있다면, 부디 그럴 수 있다면 참 좋겠다고 생각하고 있습니다.

그렇습니다. 이 책은 스스로 행복해지기 위해 지은 것입니다. 그래서 그대가 등장하고 여행이 등장하고 흔들리며 길 위를 걷는 온갖 쓸쓸함이 등장하는 것입니다. 그대를 조금쯤 행복하게 만들고 덕분에 나 역시 웃으며 잠들 수 있기를 바라며.

부끄럽지만 내어놓습니다.
테오의 세 번째 여행에세이.

초판 1쇄 발행 2012년 8월 28일　초판 2쇄 발행 2012년 12월 3일

지은이 테오　펴낸이 연준혁

출판 6분사 분사장 이진영
편집 정낙정 박지숙 박지수 최아영　디자인 조은덕
제작 이재승

펴낸곳 (주)위즈덤하우스　출판등록 2000년 5월 23일 제13-1071호
주소 (410-380) 경기도 고양시 일산동구 장항동 846번지 센트럴프라자 6층
전화 (031)936-4000　팩스 (031)903-3895
홈페이지 www.wisdomhouse.co.kr　전자우편 wisdom6@wisdomhouse.co.kr
종이 월드페이퍼　인쇄·제본 (주)현문　후가공 이지앤비

값 12,800원　ⓒ테오, 2012　ISBN 978-89-5913-697-1 13320

- 잘못된 책은 바꿔드립니다.
- 이 책의 전부 또는 일부 내용을 재사용하려면 사전에 저작권자와
  (주)위즈덤하우스의 동의를 받아야 합니다.

국립중앙도서관 출판시도서목록(CIP)

바로 거기쯤이야, 너를 기다리는 곳 : 테오의 여행 테라
피 / 글, 사진: 테오. — 고양 : 위즈덤하우스, 2012
　　p.；　　cm

ISBN 978-89-5913-697-1 13320 : ₩12800

여행〔旅行〕

818-KDC5
895.785-DDC21　　　　　　　　CIP2012003598